언택트건 컨택트건
잘 팔리는 말솜씨

늘 응원해 주는 사랑하는 아내 유희와 딸 시아,

암을 이겨내도록 보살펴주신 큰 고모와 작은 고모 댁 식구들,

너무나 착한 쇼호스트 이거성, 한지원, 김혜진, 주승연, 정설,

특급 모델 최인호, 문하린

그리고 대한민국 최고의 피아니스트

사촌 동생 강한솔에게 감사의 마음을 전한다.

언택트건 컨택트건

잘 팔리는
말솜씨

동네 식당에서 라이브 커머스까지

강동섭 지음

북림

권칠승(중소벤처기업부 장관)

코로나19가 세계를 강타한 지 2년이 지나고 있습니다. 국민 모두가 혼신을 다해 방역에 매진하고 있지만 새로운 변이 바이러스들의 출현으로 많은 어려움을 겪고 있습니다.

특히 사회적 거리 두기와 영업시간 제한으로 자영업자와 소상공인 여러분이 겪고 있는 시련은 가혹하다 할 정도입니다.

그러던 중에 이 책의 원고를 보고 반가움과 고마움을 함께 느꼈습니다. 꼭 필요한 내용의 책이 꼭 필요한 때에 나온 시의적절함에 반가움을, 자영업자와 소상공인들에게 실질적인 도움이 되었으면 한다는 글쓴이의 마음에 고마움을 느낀 것입니다.

이 책에는 세일즈 스피치뿐만 아니라 세일즈의 이론적 기초와 글쓴이가 현장에서 쌓은 노하우가 빼곡히 들어 있습니다. 한마디로 장사의 모든 것이 망라되어 있습니다.

삶이 있는 한 희망은 있다고 했습니다. 저희 중소벤처기업부도 소상공인 지원과 경영 회복에 더욱 노력하겠습니다.

우리는 이겨낼 것입니다.

유난희(쇼호스트)

코로나 팬데믹이 지긋지긋하게 끝날 듯 끝날 듯 끝나지 않고 또 한 해를 넘기는 2021년 12월 중순, 오랜만에 후배 강동섭 쇼호스트로부터 연락이 왔습니다. "선배님, 제가 쓴 책이 곧 나오는데요. 추천사 좀 부탁드려도 될까요?" 후배의 요청에 고민하지도 않고 "물론이지!"라고 답했지요. 책 또한 그 사람의 머리와 마음의 표현이라는 걸 알기에 강동섭이 쓴 책이라면 믿고 읽을 수 있겠다고 생각했기 때문이었습니다.

"책 내용을 읽어보고 추천사를 쓰겠다."는 저의 말에 책의 전문을 보내와 살펴보니 아니나 다를까, 역시 제가 짐작했던 대로 이성과 감성이 적절히 배합된 알찬 내용이었습니다.

책은 글로 표현된 작가 자신이라고 생각합니다. 그렇기에 평소 기본이 갖춰져 있고 예의를 아는 작가의 책 내용은 예상한 대로였습니다. 우리의 삶은 감성과 이성이 적절히 쓰이면 편안하고 행복해집니다. 그런 의미에서 강동섭의 책은 단순히 판매를 잘하기 위한 도움을 얻는 수준을 넘어 우리의 삶을 마케팅하는 법을 배우기 위해서라도 무조건 읽어보길 권합니다. 책이 나오면 저부터 제일 먼저 서점에 달려가야겠습니다.

정연희(사단법인 여성소상공자영업협회 회장)

코로나19 사태가 지속되면서 모든 산업의 변화가 빠르게 일어나고 있습니다. 포스트코로나 시대를 준비하는 산업 대부분이 비대면, 소위 언택트 산업으로의 전환을 꾀하고 있습니다. 4차 산업으로의 진입에 박차를 가하고 있던 국내 유통업도 단순한 O2O에서 융복합의 O4O가 전 산업에 걸쳐 여러 가지의 모습으로 그 형태를 바꾸고 있습니다.

소비자의 클릭 한 번이 바로 쇼핑으로 연결되고 집으로 배달되는 '원스톱 유통'은 이제 상품 구매의 대세가 되었습니다. 하지만 소상공인들은 아직도 상품 판매에 있어 새로운 채널과 형태를 따라가는 데 어려움이 많습니다. 온라인 시장의 빠른 확대를 몸소 느끼면서도 그 온라인 시장을 자신의 매대로 활용하는 방법에 대해서는 막막한 것입니다.

이런 소상공인들을 위해 강동섭 쇼호스트가 『언택트건 컨택트건 잘 팔리는 말솜씨』를 발간했습니다. 22년간 TV 홈쇼핑 업계를 종횡무진하고 있는 강동섭 쇼호스트는 이 책을 통해 비대면이건 대면이건 간에 무조건 잘 팔 수 있는, 아니 잘 팔릴 수밖에 없는 다양한 화법을 자신의 경험을 최대한 살려 알려주고 있습니다. 누적 판매액이 5조 원이라는 그의 실력을 굳이 거론하지 않더라도 최근 소비자 트렌드로 자리 잡아가고 있는 '라이브 방송'에 쉽게 임할 수 있는 맞춤형 노하우가 '쏙쏙' 실려 있습니다. 특히 코로나19라는 세계적 팬데믹 상황에서 갖은 고초와 위기를 겪고 있는 소상공인들이 라이브 방송 판매라는 매개체를 통해 거대한 시장으로 진입할 수 있도록 '새로운 기회'를 알려주고자 하는 열정이 책 안에 고스란히 담겨 있습니다. 또한 어떻게 하면 많이 팔 수 있는지에 대한 노하우를 화법과 스토리텔링, 호감, 마케팅 등 판매의 A부터 Z까지 체계적으로 정리한 것이 더욱 반갑고 고마운 부분입니다.

저자가 책에서 밝혔듯이, 호감과 말솜씨는 상대에게 진정성을 전달하여 구매력을 증가시키는 요소라는 것을 소상공인들은 가끔씩 잊을 때가 있습니다. 특히 동네 슈퍼는 이른 시간부터 늦은 시간까지 영업을 하는 탓에 부스스한 모습으로 계산대에 앉아 고객을 맞이하는 경우가 왕왕 있습니다. 단골이니까 이해하는 마음이야 있지만 고객 입장에서는 불쾌하기 마련이고 그 불쾌감은 재구매와 재방문을 망설이게 하는 결과를 가져올 수도 있습니다.

이렇듯 고객은 늘 긴장감을 가지고 대해야 하는 연인과 같은 존재입니다. 연인으로 발전하기 위한 기본 단계는 첫인상이고, 첫인상은 최초의 30초가 좌우한다는 말처럼 호감 가는 모습과 호감도를 끌어올리는 방법, 그에 걸맞은 말솜씨, 상품에 어울리는 스토리텔링은 마케팅의 기본 요소임을 소비자와 판매자의 중간에서 잘 중재해 내고 있다고도 하겠습니다.

그런 면에서 이 위기의 시대를 슬기롭게 극복하고 기회로 활용할 수 있도록 소상공인들은 이 책에 소중한 시간을 할애하길 권합니다.

끝으로 20년 넘게 쇼호스트로 활동하며 자신의 시간과 경험을 들여 쌓아온 소중한 노하우를 소상공인들을 위해 아낌없이 내놓은 강동섭 쇼호스트에게 감사함을 전하는 것으로 추천사를 갈음하고자 합니다.

상상도 못 했던 일입니다. 팬데믹. 살인 바이러스가 인류를 덮치는 장면은 영화에서나 봤던 것 아닌가요? 그런데 코로나19라는 바이러스가 지구를 휩쓸면서 지구상의 모든 사람이 한 번도 경험해 보지 못한 세상이 펼쳐졌습니다. 인류의 삶이 송두리째 바뀐 것 같습니다.

마스크 없이 외출하지 못하는 것이 불편합니다. 가는 곳마다 방문 등록을 하고 체온을 재는 것도 불편합니다. 방역 수칙과 거리 두기 단계에 따라서 몇 명 모여서 밥 먹기 어려운 것도 짜증 납니다. 하지만 이런 것들이 불편의 문제가 아니라 생존의 문제로 연결된다는 것이 정말 심각한 점입니다.

다니지 못하고 모이지 못하니 식당이나 카페, 옷가게와 화장품 가게, 노래방, 헬스클럽 같은 자영업을 하는 분들이 직격탄을 맞았습니다. 제 지인 중에도 코로나19로 큰 타격을 입고 힘겨워하는 이가 여럿 있어 볼 때마다 마음이 참 무겁습니다.

그나마 다행스러운 현상은 라이브 커머스가 본격적으로 자리를 잡으면서 자영업하는 분들께 약간의 숨통이 트이게 되었다는 것입니다. 네이버, 카카오, 쿠팡, 그립, 소스라이브 등 라이브 커머스 플랫폼이 다양하게 생겨나면서 매대를 깔 시장이 넓어졌다는 것은 그나마 희망적입니다. 손님들이 갈비를 뜯던 고깃집에서 저녁마다 조명을 켜고 라이브 방송으로 갈비를 팔고 있습니다. 필요한 장비는 스마트폰과 간단한 조명, 핀마이크면 끝입니다. 백화점 구두 매장에서도 라이브 방송을 진행합니다. 전남 완도의 수산물 직판장에서는 전복을, 경북 청도에서는 사과를 전국에 방송합니다. 이제 생존을 위해서 라이브 커머스 겸업은 자영업자들에게 필수일 듯합니다.

그런가 하면 팬데믹 상황에서도 여전히 잘되는 오프라인 가게들도 있습니다. 코로나19 이전부터 지금까지 팬데믹 영향을 전혀 안 받는 듯한 식당, 카페, 옷가게도 많더군요.

제가 일하고 있는 신세계TV쇼핑은 서울 성수동 뚝섬역 앞에 있습니다. 성수동, 뚝섬은 요새 서울에서 제일 핫 플레이스라 불리는 동네입니다. 오래된 골목마다 맛집이 넘쳐나고 예쁜 카페가 계속 생겨납니다. 인스타그램엔 성수동 맛집, 성수동 카페라는 해시태그가 넘쳐나고, 주중엔 직장인이, 주말엔 젊은 커플이 몰려듭니다.

그런데 성수동에 있다고 해서 모든 가게가 북적거리는 것은 물론 아닙니다. 코로나19는 다른 나라 이야기인 듯 한참을 대기해야 들어갈 수 있는 가게가 있는가 하면, 직격탄을 맞고 폐업을 하는 가게도 한둘이 아닙니다. 매일 이 동네로 출근해서 식사 때마다 맛집을 찾아다니는 직장인들은 지나다니면서 문을 닫은 가게를 보면 "여기도 망했네… 맨날 파리 날리더니… 쯧쯧." 합니다.

같은 동네에서 같은 메뉴를 파는데 왜 어떤 가게는 장사가 잘 되고 어떤 가게는 망하는 것일까요?

저는 22년째 홈쇼핑에서 쇼호스트로 일하고 있습니다. 제가 일하고 있는 홈쇼핑 업계는 2020년 반짝 호황을 누렸습니다. 바로 코로나19 덕분이었습니다. 코로나19라는 재앙에 '덕분에'라는 말을 쓰는 것이 부적절하지만 홈쇼핑 회사들 입장에서는 솔직한 심정이었을 것입니다.

모바일 네이티브라는 MZ세대의 등장과 함께 모바일 쇼핑, 라이브 커머스를 비롯해 수많은 쇼핑 채널이 경쟁자로 자리 잡으면서 올드 채널인 TV 홈쇼핑은 성장이 수년째 정체되어 있었기 때문에 2020년의 매출 반등은 홈쇼핑 회사에게는 반가울 수밖에 없었죠. 오랜만에 성과급도 받았답니다. 하지만 2021년엔 그사이 급성장한 라이브 커머스 시장 탓인지 홈쇼핑 매출이 2020년의 성장세를 이어가지는 못했습니다. 그래서 홈쇼핑 회사들도 온라인 몰과 라이브 커머스로 사업을 다각화하려고 몸부림을 치고 있는 상황입니다.

이제는 흔한 말이 된 '언택트'라는 단어는 코로나19 때문에 생겨난 것은 아닙니다. '언택트 untact'는 우리나라에서 만든 말인데 2017년 말에 발간된 김난도 교수의 「트렌드 코리아 2018」에 실린 이후 미디어에서 다뤄지다 코로나19가 터지고 우리 일상에서 완전히 자리 잡은 말이 되었습니다. '언택트'라는 단어가 나온 것이 벌써 5년 전이라는 사실에서 알 수 있듯이 코로나19가 우리의 삶을 완전히 바꿔놓은 대사건이긴 하지만 사실 우리는 이미 어지러울 정도로(기성세대인 저에겐) 변화가 빠른 시대에 살고 있는 것이었습니다.

키오스크, 무인 마트, AI 로봇, 로보 어드바이저, 챗봇 등 언택트, 무인화를 가속화하는 신기술들이 코로나19의 파도를 타고 밀려들고 있습니다.

그럼에도 어쨌든 우리는 무엇이든 누구에게든 어떻게든 팔아야 합니다. 옷도 팔고, 요리도 팔고, 커피도 팔고, 자동차도 팔고, 보험도 팔고, 집도 팔고, 서비스도 팔고, 지식도 팔고, 신앙도 팔고, 내 시간도 팔아야 합니다.

매장에서도 팔아야 하고, 인터넷에서도 팔아야 하고, 홈쇼핑에서도 팔아야 하고, 라이브 커머스에서도 팔아야 합니다. 팬데믹이든 팬데믹이 끝난 새로운 세상에서든 우리는 팔아야 합니다. 22년 동안 5조 원 넘게 팔아보니 누구에게 무엇이든 팔 수 있게 되었습니다. 방송 생활과 함께 또 15년 넘게 아카데미와 학교, 기업체에서 강의를 하다 보니 책도 정말 많이 읽고 공부해야 했습니다. 족히 수백 권은 될 것 같습니다. 세계적인 학자들과 전문가들의 이론과 경험을 공부하고 제 방송과 비즈니스 현장에 적용해 왔고 실제로 많은 실적을 거둬왔습니다.

정리해 보면 '공부-적용-강의-더 깊은 공부-더 실질적인 적용-더 좋은 강의'가 반복되어온 것 같습니다. 그렇게 공부하고 체득해서 강의한 것들을 이 책에 담았습니다.

많은 책을 읽고 공부해 보니 스피치, 설득 커뮤니케이션, 마케팅에 관한 책들의 내용은 거의 비슷비슷했습니다. 어차피 사람의 심리와 행동에는 큰 차이가 없기 때문이겠죠. 그 내용들을 제 방식으로 나누고 묶어 보았고, 조금이라도 더 쉽게 연습해서 실전에서 휘두를 수 있도록, 여러분께 실질적으로 도움이 될 수 있도록 만들려고 노력했습니다.

그 시간 동안 제가 건져 올린 장사의 왕도는 '호감'과 '말솜씨'입니다. 호감은 비단이고 말솜씨는 꽃! 그야말로 금상첨화(錦上添花)입니다.

책의 제목은 '말솜씨'에 초점이 맞춰져 있지만 말이 능력을 발휘하기 전 단계인 '호감'에도 많은 부분을 할애하도록 하겠습니다.

성수동에 있는 수많은 카페 중에 딱 그 카페에 들어가는 이유, 네이버 쇼핑 라이브나 그립 앱을 열었을 때 생방송을 하고 있는 수많은 창 중에 딱 그 방으로 들어가는 이유, 홈쇼핑에서도 유독 높은 매출을 올리는 쇼호스트가 있는 이유는, "성공 여부를 좌우하는 것은 능력이나 성실한 자세, 운이 아니라 호감, 즉 '끌림'이다."라는 대니얼 카너먼 교수의 말처럼 나도 모르게 끌리는 '호감' 때문입니다.

세계 최고의 투자가 워런 버핏은 "사람들 앞에서 정말로 편하게 말하는 능력을 갖추면 스스로 기대한 수준보다 훨씬 더 빨리 두각을 드러낼 수 있을 것이다. 의사소통 능력, 스피치 능력만 제대로 익혀도 자신의 가치를 50%나 높일 수 있다. 이런 능력은 50년, 60년을 가는 자산이다."라고 말했습니다. 〈미국 석세스 매거진 Success Magazine〉 편집장 대런 하디 역시 "결국 성공은 당신의 생각과 제안과 비전을 얼마나 잘 말하느냐에 달려 있다."며 말의 힘을 강조했습니다. 장사는 고객이 있어야 하고 고객이 기꺼운 마음으로 지갑을 열어줘야 합니다. 지갑을 열고 돈을 쓰는 행동, 다른 사람을 움직이게 하고 그 결과 나에게 이득이 돌아오게 하는 것이 바로 '설득'입니다. 그리고 설득의 도구가 '말'입니다. 이 책을 읽고 그 내용을 따라 훈련하면 극강의 말솜씨를 갖추게 될 것입니다.

코로나19로 힘들어하는 분들께 조금이라도 도움이 되길 소망하면서 영화 〈인터스텔라〉에서 제가 정말 좋아하는 대사와 함께 본격적으로 시작해 보겠습니다.

"우린 답을 찾을 것이다. 언제나 그랬듯이. We will find a way. We always have."

2022년 봄, 강동섭

차례

1장

감성 그리고 호감

윈윈 게임

나는 22년째 쇼핑 비즈니스에 몸담고 있다. 8,000번이 넘는 방송을 통해 셀 수 없이 많은 상품을 팔았고 5조 원 이상의 매출을 올렸으며, 현재는 직접 판매 사업과 네이버 스마트 스토어도 운영하고 있다.

20년 넘게 판매와 영업, 마케팅 관련 일을 하면서 관련 강의를 15년 넘게 진행하다 하다 보니 늘 이 업(業)의 본질을 고민하게 되었다. 물론 처음에는 그저 잘 팔고 싶은 마음뿐이었다. 다른 사람들보다 무조건 많이 팔고 싶은 욕구만 가득했으며, 내가 방송하는 상품마다 대박이 나서 나의 몸값을 최고로 끌어올리고 싶었다. 그런데 일을 하면 할수록 그게 다가 아니라는 생각이 들었다.

세상에는 수없이 많은 판매자가 있다. 아니, 넓은 뜻으로 본다면 무엇인가를 팔지 않는 사람은 없을 것 같다. 오죽하면 세계적인 미래학자 대니얼 핑크도 "세일즈는 본질적으로 인간 그 자체이다."라고 했을까. 이 책의 독자들 역시 판매, 영업, 마케팅 관련 일을 해봤거나 이와 관련한 지원 업무를 해본 경험을 한 번쯤은 가지고 있을 것이다.

내가 지금 몸담고 있는 신세계TV쇼핑에는 스무 명 정도의 쇼호스트가 일하고 있고, 그 전에 일했던 CJ홈쇼핑에는 쉰 명 가까운 쇼호스트가 있었다. 현재 대한민국에 있는 17개 홈쇼핑 채널에는 400명 정도가 있을 것 같고, 약 27년의 홈쇼핑 역사에 잠시라도 스쳐 갔던 이들까지 치면 3,000명 정도 되지 않을까 짐작된다. 그중에서 누군가는 매년 1,000억 원이 넘는 매출을 기록하면서 수억 원의 수입을 거두고, 누군가는 이름도 없이 사라진다. 이런 상황은 자영업에서도 벌어진다. 어느 분야에서나 필연적으로 계층의 피라미드가 생겨난다. 누가 그 피라미드의 밑바닥에 머무르고 싶겠는가. 당연히 모두가 피라미드의 꼭대기에 오르기를 갈망하기 마련이다.

오랫동안 일을 하면서 고민해 보니 피라미드의 꼭대기를 차지한 사람들의 성공 비결을 단지 개인 역량의 차이나 치열한 노력의 결과만으로 보기엔 그 이상의 무엇인가가 있다는 것을 깨달았다. 너무나 부러운 역량을 가진, 언제나 최고의 퍼포먼스를 보여주던 사람이 갑자기 고꾸라지는 경우도 여러 번 보았다. 그러던 중에 미국 펜실베이니아 대학교 와튼 스쿨 조직심리학 교수인 애덤 그랜트가 쓴『기브 앤 테이크』, 로버트 캐슬런 2세와 마이클 매슈스의『인성의 힘』같은 책들을 보면서 확고 한 믿음을 갖게 되었다. 이 이야기는 잠시 후에 다시 하도록 하겠다.

우선 나는 쇼핑의 본질에 대해 이야기하고자 한다. 당신은 돈을 써서 물건이나 서비스를 사는 것, 즉 쇼핑의 본질에 대해 고민해 본 적이 있는가? 우리가 뭔가를 사는 이유는 대체 무엇일까? 없으니까 사지! 필요하니까 사지! 기분 좋아지니까 사지! 이것이 과연 답일까?

생각해 보자. 쌀, 물 같은 없으면 죽는 몇 가지 먹거리나 생활필수품을 빼고는 없어서 쇼핑하는 경우는 거의 없다. 옷이 낡고 해져서 새 옷을 사는 경우는 없다. 신발에 구멍이 나서 새 신발을 사는 경우도 없다 (우리 딸은 한 번 있었지만). 가방 끈이 끊어져서 새 가방을 사는 경우도 별로 없다. 그저 허기를 채우기 위해 먹는 경우는 거의 없다. 다 옛날 얘기다.

나는 예전부터 쇼핑은 (적어도 내가 살아온 20세기 후반부터 지금까지의 쇼핑은) '환상 비즈니스fantasy business'라고 정의해 왔다. 이제는 결핍을 채우기 위해 소비하는 것이 아니다. 환상을 실현하기 위해 소비하는 것이다. '저 옷을 내가 입으면 김사랑, 조인성처럼 예쁘고 멋있어지겠지?' '저 샴푸로 머리를 감으면 내 머릿결이 전지현처럼 윤기가 좌르르 흐를 거야.' '저 냄비를 쓰면 백종원이 한 요리처럼 일품요리가 되겠지?' 그렇게 될 턱이 없다는 것을 알면서도 우리의 무의식은 그 광고에 내 얼굴을, 내 몸을 대입하고 있다. 광고의 목적이 바로 그것이니까. 나 역시 머리로는 아니다 하면서도 무의식적으로 따라갈 때가 한두 번이 아니다.

직장인들의 점심시간을 보자. 근사한 한 끼 식사가 그날의 격무에서 잠시나마 벗어나 자신을 행복하게 만들어줄 것이라는 환상을 가지고 조금이라도 더 맛있는 집을 찾으려 회사 주변을 배회하지 않는가?

소비자의 그 환상이 충족되거나 실현될 때 비로소 쇼핑은 완결되고 판매자는 성공하는 것이다. 반대로 그 환상에 조금이라도 흠집이 생기면 소비자는 바로 '안티'가 되고, 정도가 심해지면 '열받은 고객'이 되어 행동에 나서게 된다.

얼마 전 기사에서 읽은 이야기이다. 글쓴이가 맛집 검색을 해서 〈백종원의 3대 천왕〉, 〈수요미식회〉, 〈맛있는 녀석들〉에 소개된 식당을 찾아갔는데, 식당은 완전 도떼기시장처럼 정신이 없었고, 직원은 너도나도 소리를 지르고, 음식은 안 나오는데 물어볼라치면 불친절한 대꾸만 돌아오는 상황이었다고 한다. 애써 찾아갔지만 음식 맛은 기억도 안 나고 다시는 생각도 하기 싫은 불쾌한 기억만 남았다고 한다.

어떤 작은 불편함의 경험, 눈살을 찌푸리게 만든 불친절이나 무관심은(그것이 단 한 번이었더라도) 고객이 가지고 있던 환상을 무너뜨리고 영영 떠나게 만들기에 충분하다. 게다가 고객의 실망은 SNS나 배달 앱에 악플 세례와 평점 테러를 쏟아붓는 결과로 이어지기도 한다.

15년 동안 13,001대의 자동차를 판매해 기네스북에 오른 세계적인 판매왕 조 지라드의 '250의 법칙'을 들여다보면 문제의 심각성이 피부에 와 닿을 것이다. 그의 경험에 따르면 장례식이나 결혼식의 평균 하객 수가 250명쯤 되더라는 것이다. 그래서 보통 사람들이 인맥을 유지하는 범위가 평균 250명 정도이니 1명의 고객에게 잘 보이면 일차적으로 250명에게 잘 보이는 것이고 1명의 고객에게 잘못 보이면 일차적으로 250명에게 욕을 먹는 결과를 초래한다는 것이다. 요즘은 SNS를 통해 이전보다 광범위한 인간관계가 형성되어 있어 2,500명, 25,000명, 250,000명에게도 순식간에 퍼져 나갈 수 있는 상황이니 생각만 해도 아찔하다.

지금 내 가게에 들어온 한 사람을 통해, 내 방송을 보는 한 사람을 통해 불만이 250명, 2,500명, 25,000명, 250,000명에게 퍼질 것인지, 아니면 추천이 그렇게 퍼질 것인지 잘 돌아봐야 하겠다.

그런가 하면 코로나19 때문에 '단골의 힘'이 세졌다는 통계도 있다. 사람들이 낯선 곳에 가기를 꺼려해 단골 효과가 강해졌다는 것이다. 단골을 많이 만드는 가게가 성공할 확률이 더 높다는 이야기다. 맛 칼럼니스트이자 창업 컨설턴트인 김유진 씨는 식당을 창업하면 1년 안에 단골 300명을 확보해야 성공할 수 있다고 말한다. 그렇다면 어떻게 해야 단골을 만들고 좋은 평판이 퍼져 나가게 만들 수 있을까?

미국의 보험왕 중에 말을 심하게 더듬는 사람이 있었다. 너무 심해서 남들이 5분 말할 것을 한 30분 걸려야 다 할 수 있을 정도였다. 그런데 사람들은 이 사람을 만나면 보험에 가입을 하는 것이 아닌가? 번지르르하게 말 잘하는 보험 판매원은 어떻게든 가입만 시켜서 자기 실적만 올리려고 할 것 같은데, 이렇게 말더듬이 심한 사람이 어떻게 자기를 속이겠느냐는 생각에 천천히 들어주다 보니 그 보험이 자신에게 꼭 필요하다는 확신이 생겨서 가입을 하게 된다는 것이다. 단지 '실적'을 올리기 위해서가 아니라, 보험 가입자의 인생을 진짜로 보장해 줄 수 있는 안전장치를 권한다는 '진정성'이 고객을 만드는 비결이었다.

소위 업계 톱클래스로 꼽히는 쇼호스트 동료들과 대화를 해보면 그들이 공통적으로 추구하는 것은 '고객이 이 쇼핑을 통해 진정 행복감을 느끼는 것'이라는 대답을 들을 수 있었다. 나 역시 지금까지 방송을 진행할 때면 목표 매출을 달성하는 것 이상으로 이 상품을 구매한 내 고객들이 이 상품을 사용하면서 구매할 때 품었던 환상을 꼭 경험하기를, 더 예뻐지고, 더 편해지고, 더 건강해지고, 더 행복해지기를 진정으로 소망하면서 방송을 한다. 그리고 한 가지 더 바라는 것은 더 많이 팔아서 이 상품을 제조한 이들과 유통하는 이들에게도 더 많은 이윤이 돌아갔으면 하는 것이다.

이것이 내가 추구하는 '장사의 윈-윈'이다.

애덤 그랜트가 수천 명의 성공한 사람들을 분석한 결과, 성공 피라미드의 꼭대기에 올라간 사람들은 대부분 '이기적인 이타주의자'였다고 한다. '이기적인 이타주의자'란 남에게 퍼 주기만 하는 이타주의자가 아니라 나의 이익도 추구하면서 남도 이롭게 하는 이타주의자들이다. 빌 게이츠도 똑같이 말한다. "인간에게는 이기심과 타인을 보살피고자 하는 두 가지 강한 본성이 있으며, 그 두 가지 동력이 뒤섞인 사람이 가장 큰 성공을 거둔다." 말 그대로 '윈-윈 게임'이다.

당장 눈앞의 매출에 급급해 지금 꼭 팔아야겠다는 조급한 마음을 먹으면 제로섬 게임의 늪에 빠질 수밖에 없다. 판매자가 고객의 환상을 이

뤄주겠다는 진심, 고객이 행복해져야 나도 행복해질 수 있다는 진정성을 보이지 않는다면 고객은 외면한다. 책을 시작하는 장(章)에서 먼저 이런 이야기를 하는 이유이다. 모쪼록 여러분이 장사를 하건 영업을 하건 사업을 하건 방송을 하건, 고객이 만족해야 나도 잘되는 '윈-윈 게임'임을 늘 염두에, 생각의 앞머리에 두었으면 한다. 마음이 바뀌면 고객을 대하는 말과 행동도 바뀌게 되니까.

'갬성'의 시대, '좋아요'의 시대

갬성카페, 갬성맛집, 갬성캠핑, 갬성사진, 갬성뷰, 갬성브레이커, 가을갬성, 인스타갬성, 빈티지갬성….

언제부터인가 이 '갬성'이란 단어가 방송과 인터넷, SNS를 뒤덮고 있다. '갬성'은 '감성'을 변형시킨 단어다. 완전히 새로운 것보다 오래된 것의 재해석을 즐긴다는 MZ세대의 놀이 중 하나가 이렇게 단어를 변형시키는 것인데, '감성'과 '갬성'은 약간 다른 뉘앙스를 풍기기도 하는 것 같다. 진지하게 두 단어를 비교하는 기사를 본 적도 있다. 나는 이 두 단어의 차이보다 '이성'과 '감성'에 대해 생각해 보았으면 한다. 이성과 감성에 대해 이해하지 못하면 사람의 '마음'을 알 수 없고, 그렇게 되면 우리의 '장사'도 절대 성공할 수 없으니까. 특히 우리가 주목해야 할 것은 '감성'이다. 아니 우리가 죽을 때까지 끈질기게 집착해야 할 것이 바로 '감성'이다. 빌 클린턴의 말을 빌려서 표현하자면 "바보야, 문제는 감성이야!"라고나 할까?

다시 한번 우리가 수많은 카페 중에 한 곳을 선택해서 들어가는 이유가 무엇인지, 수많은 라이브 커머스 창 중에서 한 곳을 선택해서 들어가는 이유가 무엇인지, 수많은 쇼호스트 사이에서도 매출의 차이가 극명하게 나는 이유가 무엇인지 생각해 보자. 예뻐서, 맛있어서, 분위기가 좋아서, 셀카 찍기 좋아서 등등 여러 이유가 있겠지만 이 모든 이유를 하나로 묶을 수 있는 말이 있다. '호감!' 그냥 좋다는 것이다. 사람들이 나에게 호감을 갖는다면, 고객들이 내 가게에 호감을 갖는다면, 그래서 매일 찾아오고 인스타그램에 #갬성맛집 #갬성카페 같은 해시태그를 달아서 홍보를 해준다면 걱정할 것이 없겠다.

그런데 몇 년 전까지만 해도 영화에서나 보던 인공지능[AI]이 바둑으로 이세돌을 이기고, 사람이 운전하지 않아도 알아서 가는 자율 주행 차량이 등장하고, 가상 현실이 눈앞에 다가온 4차 산업혁명 시대에 사람들은 왜 이렇게 감성에 목을 매는 것일까? 사실 이 질문은 틀렸다. 인간은 역사상 한 번도 감성적이지 않았던 적은 없으니까.

먼저 우리 인간의 마음을 잠깐 살펴보자. 세계적인 '마음 전문가'로 불리는 미국 하버드 대학의 스티븐 핑커 교수는 "마음은 뇌의 활동"이라고 단언한다. 뇌에 물리적 변화가 생기면 마음도 다르게 작동한다는 것인데, 뇌과학으로 들어가면 너무 어려우니까 일단 심리학적으로, 가장 단순하게 사람의 마음을 들여다보자. 심리학에서 사람의 마음을 설명할 땐 이렇게 삼각형으로 그린다. 마음은 크기가 다른 두 영역, '의식'과 '무의식'으로 구성되어 있는데 '의식'은 '표층의식', '무의식'은 '잠재의식'

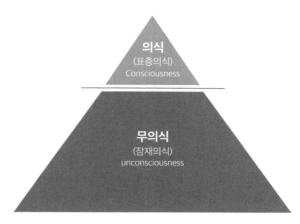

마음속 의식과 무의식의 크기

이라고도 한다.

　의식이란 사람이 사물을 인식하고 판단하고 계산하는 영역인데, 그 도구로 '이성'과 '논리'를 사용한다. 보통 인간을 동물과 구별시키는 인간 특유의 능력으로 간주되기도 하는데, 쉬운 말로 '생각을 하는 곳'이라 할 수 있겠다. 무의식은 내 마음이지만 내가 자각하지 못하는 본능이나 욕망, 감정 등이 들어 있는 영역으로, 쉬운 말로 '느끼는 곳'이라 해도 되겠다. 무의식 영역은 프로이트가 최면 연구를 통해 찾아냈는데, 가장 원초적이며 스스로도 잘 모르는 것이 가득 들어 있다고 한다.

　예를 들어 '사랑'이란 무엇인가? 지금 옆에 있는 그 사람을 왜 사랑하는가? 집안이 좋아서, 재산이 많아서, 명문대 출신이라서, 직업이 빵빵해서… 이런 조건 때문이라면 진짜 사랑이 아닌 듯하다. 정말 사랑한다면 얼굴이 발그레해지면서 "글쎄… 그냥 좋아!"라고 하겠지. 이렇게 '사랑' 같은 감정도 다 무의식의 영역에 있기 때문에 정확하게 말로 정의할 수 없이 애매한 것이다. 요즘은 뮤지컬로 더 유명한 스티븐슨의 소설 『지킬 박사와 하이드 씨』의 주인공이나 슈퍼 히어로 영화에 나오는 헐크 캐릭터 역시 이 '의식과 무의식'의 관계에 바탕을 두고 있다고 할 수 있다. 한마디로 의식은 이성의 영역, 무의식은 감성의 영역이라고 생각하면 되겠다.

마음을 이렇게 삼각형으로 그린 이유는 무의식이 의식보다 훨씬 크다는 것을 형상화하기 위해서다. 정확히 몇 대 몇의 비율인지는 설이 분분하지만, 통계학에서는 사람이 어떤 문제에 결정을 내릴 때 15%는 논리, 즉 이성에 바탕을 두고, 85%는 감정, 즉 감성에 바탕을 둔다는 실험 결과를 내놓기도 했다. 또 파킨슨병 연구로 유명한 영국의 신경학자 도널드 칸은 "이성은 결론을 낳지만 감성은 행동을 낳는다."라는 말을 남기기도 했다.

이제는 이렇게 당연한 내용이지만, 놀라운 것은 불과 몇 십 년 전까지만 해도 감성보다 이성을 훨씬 크게 평가하는 것이 지배적인 학설이었다는 사실이다. 300년의 오랜 역사를 가지고 있는 전통경제학에서는 "인간은 이성적인 노력으로 최대한 똑똑한 결정을 내린다… 선천적으로는 감성의 영역이 우위를 차지하다 사회화 과정에서 이성의 영역이 훨씬 발달하게 된다."고 하면서 감성은 동물적이고 유치한 것으로 치부해 왔다. 아마도 인간은 지적인 동물, 아니 동물과 비교하는 것도 기분 나쁜 만물의 영장이기에 스스로 이성적이라고 자부하면서 우쭐댔던 것이 아닐까?

이제는 너무나 당연한 감성 마케팅

노벨 경제학상을 수상한 대니얼 카너먼 교수가 1979년에 이성 우위 이론을 박살내는 논문을 발표하면서 '감성'의 명예 회복이 이루어졌다. "인간은 주관에 휘둘려 충동적이며, 집단적으로 똑같이 행동하거나 자기 과신과 편향에 빠진다. 때로는 자신이 보는 대로, 때로는 남들이 하는 대로 따라 결정하는 존재이다." 한마디로 인간은 비합리적이고 비이성적이라는 것이다.

세계적인 명저『생각에 관한 생각』에서 카너먼 교수는 인간의 모든 행동과 생활의 근원인 '생각'을 두 가지 과정으로 구분해 설명하는데 직관(감성)을 뜻하는 '빠르게 생각하기^{fast thinking}-시스템 1'와 이성을 뜻하는 '느리게 생각하기^{slow thinking}-시스템 2'가 그것이다. 여기서 가장 중요한 것은 우리의 생각과 행동 대부분은 시스템 1에서 발생한다는 것이다. 카너먼 교수는 심지어 인간에 대해 '합리성'이란 개념 자체를 부정하고 싶다고 할 정도였다.

기술이 발달하고 세상은 변해 가지만 인간은 본질적으로 감성적인 동물이며 우리의 생각과 행동은 절대적으로 감성에 의해 좌우된다. 2020년 교육부의 교육 과정 개정 목표에 '감성적 인재 양성'이란 표현이 나오는 것도 바로 이런 이유 때문이다. 특히 위의 '삼각형 마음'과 카너먼 교수의 '시스템 1'은 앞으로 무슨 장사를 하건 무슨 방송을 하건 절대 잊지 말아야 하겠다.

홈쇼핑에서 흔히 사용하는 용어 중에 '감성 소구(感性訴求)', '이성 소구(理性訴求)'라는 말이 있다. 눈치챘겠지만, 감성적인 영역을 자극해서 구매하도록 설득하는 것이 감성 소구, 이성적으로 설득하는 것이 이성 소구이다. 예를 들면 "30% 세일을 진행 중이기 때문에 다른 어디보다 싸다."라고 하면 사람들은 머릿속에서 가격을 계산하고 비교하게 된다. 이성의 영역이다. "이 제품을 부모님께 선물하세요."라고 하면 연로하신 부모님 얼굴을 떠올리며 못 해드린 생각만 나고 마음이 짠해진다. 가족 이야기는 대표적인 감성 소구 방법이다.

"아버님 댁에 보일러 놓아 드려야겠어요." 지금까지 회자되는 감성 마케팅의 대표적인 성공 사례이다. 열효율이 어떻고 안전성이 어떻고 하는 보일러의 스펙(이성 소구)은 하나도 안 나오는데 보일러 회사의 브랜드 인지도가 5배나 상승했다고 한다.

원서의 제목이 『설득 Persuasion』인 리 하틀리 카터 Lee Hartley Carter 의 책이 『뇌는 팩트에 끌리지 않는다』는 제목으로 번역 출간된 것만 봐도 감성 마케팅의 중요성을 알 수 있다. 팩트나 데이터가 중요한 것이 아니라는 것이다. 스마트폰으로 세상의 모든 정보를 몇 초 안에 얻을 수 있고, 이제는 거의 모든 상품의 품질이 평준화되어 상품을 선택하는 기준 또한 스펙이 아니다.

자동차를 살 때 엔진, 서스펜션, 브레이크의 성능을 먼저 따지는가, 디자인을 먼저 보는가? 내가 자주 방송하는 러닝머신도 마력, 최고 속도, 벨트 폭보다 중요한 것은 먼저 다이어트 후의 몸매에 대한 환상이다. 거기다 디자인까지 예뻐야 하는 것은 불문가지.

몇 해 전에 스타일러라는 가전제품이 출시되었다. 100℃의 스팀으로 옷을 살균해 주고 옷에 묻은 초미세 먼지까지 99.9% 싹 제거해 주는 데다 아침 출근할 때 칼주름까지 잡아주는 신통방통한 물건이었다. 세상에 처음 나온 최첨단 가전제품이었기 때문에 방송을 준비하면서 이런 사양과 정보를 달달 외었다. 그런데 정작 방송에서는 깔끔하게 다려진 옷을 입고 중요한 프레젠테이션을 성공적으로 할 수 있었다는 고객 스토리를 소개할 때 주문이 폭증했다는 것 아닌가.

한국능률협회컨설팅 KMAC 이상윤 진단평가본부장은 "고객 로열티를 성공적으로 관리하기 위해서는 제품과 서비스의 기능적(이상적)인 가치보다 제품, 서비스, 직원, 커뮤니케이션 등을 보고 느낀 감성적인 가치 전달에 집중할 필요가 있다."고 말했다. 또 영국 광고대행사협회 IPA는 수십 년간 축적한 데이터를 바탕으로 감성적인 매력에 의지한 광고와 정확한 정보와 합리적인 설득에 의지한 광고 간의 수익성을 비교하는 연구를 수행했는데, 전자가 후자보다 2배 더 높은 광고 효과를 거두었다는 결과를 얻었다. 심지어 순전히 감성적인 광고와, 감성적인 콘텐츠와 합리적인 콘텐츠가 섞여 있는 광고를 비교해 봐도 더 나은 성과를 얻었다고 하니 광고, 마케팅, 세일즈에서 감성의 힘은 절대적인 것이다.

그러면 우리는 그렇게 중요한 감성을 어떻게 활용해야 할까? 감성의 영역 중에서 가장 효과적으로 활용할 수 있는 것은 바로 '매력', 즉 '호감'이다.

"사람들에게 영향을 미치고 싶고 설득력을 갖고 싶다면 매력적인 사람이 되세요. 당신이 매력적일수록 사람들은 당신에게 더욱 빠져들고 협력해 주며 목표를 달성하도록 도움을 줄 것입니다." 세계적인 비즈니스 컨설턴트 브라이언 트레이시의 말이다. 대니얼 카너먼 교수의 말도 같다. "성공을 좌우하는 가장 결정적인 조건은 지능이나 학벌, 운이 아니라 '매력'입니다."

흑인이라는 불리한 조건을 딛고 버락 오바마가 미국의 대통령이 될 수 있었던 것도, 오프라 윈프리가 최고의 토크쇼 진행자가 될 수 있었던 것도 모두 강력한 호감도 때문이었다.

하버드 대학교 경영대학원 티지아나 카시아로 교수와 듀크 대학교 미겔 수자 로보 교수는 호감도는 높은데 능력이 떨어지는 사람과, 업무 능력은 뛰어나지만 호감도가 낮은 사람 중에서 사람들은 어느 쪽과 더 일하고 싶어 하는지 조사하였다. 기업은 이윤을 추구해야 하고 업무 능력은 곧 이윤으로 이어지기 때문에 일 잘하는 사람을 선택하는 것이 당연하지 않은가? 하지만 대부분의 사람들은 능력이 떨어져도 호감도가 높은 사람을 선택했다.

사람의 마음에서 의식보다 무의식, 즉 잠재의식이 훨씬 더 크다는 것을 기억하는가? 그 잠재의식 속에 들어 있는 감각은 쾌락에 약해서 아름다운 것, 기분 좋은 소리, 향기로운 것, 달콤한 것, 그리고 매력적인 사람에게 쉽게 끌린다. 한마디로 '본능'인 것이다.

얼마 전에 서울 압구정동에 미팅이 있어 갔다가 배고프고 추워서 한 카페에 들어갔다. 샌드위치와 '따아'(따뜻한 아메리카노)를 시키고 자리를 잡고 앉았다. 커피가 나왔는데 너무 뜨거웠다. 나름 정중하게 "얼음 두 개만 주시겠어요?" 했더니 카페 사장이 "얼음이오?" 되묻는데 말투에는 미세한 짜증이 묻어 있었다. "여기 있습니다."란 말도 없이 얼음 담긴 종이컵만 쓱 내미는 것이다. 자주 다니는 길이지만 내가 그 카페에 다시 갈 일이 있을까? 그 사장은 내 감성에 비호감으로 찍혔고, 그 카페도 비호감이 되었는데. 그 카페는 말 한 마디로 잠재고객 한 명을 잃은 것이다. 비단 나뿐이었을까?

여러분이라면 어떻게 할 것인가? 한 명 한 명의 고객에게 어떻게 호감을 전하겠는가? 노력해서 내가 호감형 인간이 되고 내 가게가 호감형 가게가 되면 죽을 때까지 먹고사는 데 아무 걱정이 없지 않겠는가? 그럼 이제부터 그 방법을 하나 하나 알아보겠다.

첫인상! 첫인상!
그 빌어먹을 첫인상!

좋은 첫인상을 남길 기회란

결코 두 번 다시 오지 않는다.

_ 시어도어 루빈(정신분석학자)

나는 첫인상을 경계하는 편이다. 첫인상으로 평가해 후회했던 일이 여러 번 있었기 때문이다. 그래서 첫인상을 믿지 말자고 다짐하곤 한다. 그런데도 아직도 사람들을 만나면 매번 자동으로 첫인상을 평가한다. 그러고 나서 '역시 내 판단이 옳았어!' 할 때도 있고 '아… 정말 첫인상은 믿을 것이 못 돼.' 할 때도 있다. 자동으로 첫인상을 평가하게 되는 이유는 사람이라면 누구나 갖는 무의식의 작용이므로 피할 수 없기 때문이다. 따라서 앞으로도 내 의지와 상관없이 타인에 대한 첫인상 평가를 계속할 것이며, 나를 만나는 사람들도 당연히 나의 첫인상을 평가할 것이다.

비단 사람에 대한 첫인상만 있는 것은 아니다. 가게에 대한 첫인상,

상품에 대한 첫인상, 심지어는 홈페이지에 대한 첫인상과 SNS에 대한 첫인상까지도 모두 우리의 세일즈에 영향을 미친다. 어마어마한 영향을 미친다. 그러니 좋은 첫인상이 재방문, 반복 구매로 이어지고 단골을 만드는 첫 단추가 된다는 건 말해 뭐하랴.

미국 마케팅 기관 TARP의 연구 결과에 따르면 새로운 고객 1명을 구하는 것이 기존 고객 1명을 유지하는 것보다 평균 5배, 업계에 따라서는 최대 20배의 비용이 더 든다고 한다. 「하버드 비즈니스 리뷰」는 고객 감소율을 5%만 줄여도 최대 85%까지 수익을 늘릴 수 있다고 말한다. 이 데이터를 보면 충성도 높은 단골이 얼마나 중요한지 알 수 있을 것이다.

국내 한 방송 프로그램에서 실험을 했다. 여성 참가자들에게 "배우자를 고를 때 어떤 면을 가장 중요하게 보겠는가?" 설문을 했더니 가장 많은 여성들이 '성격'을 꼽았다고 한다. 그 후에 한 남성을 평소에 입고 다니던 평상복 차림으로 쇼윈도 안에 세워놓고 지나가는 여성들에게 평가를 하게 했다. 대부분 낮은 점수를 주며 연봉도 낮을 것이라고 평가했다. 데이트 신청을 하면 만나겠느냐는 질문에는 대부분 만나고 싶지 않다고 대답했다.

다음 날, 같은 남성에게 양복을 입히고 헤어스타일도 멋지게 손본 뒤 쇼윈도 안에 세워놓고 밝은 표정을 짓게 했더니 평가가 급변했다. 전날보다 엄청나게 높은 점수를 받았고, 전날보다 10배가 넘는 연봉은 받을 것이라는 평가와 함께 '만나고 싶다'는 대답이 대부분이었다.

눈에 들어오는 외모나 자세, 표정 등의 시각적인 이미지가 얼마나 중요한지 알겠는가? 예전에는 인터넷에 '첫인상'을 검색하면 '첫인상 5초의 법칙'이 제일 많았는데 언제부터인가 '첫인상 3초의 법칙'이 나오더니 시간이 점점 줄면서 최근엔 0.3초를 지나, 내가 본 가장 짧은 시간은 0.017초였다. 0.017초의 결과가 나온 것은 우리나라의 실험이었는데 빠르기로는 역시 우리나라가 세계 최고인 것 같다.

심리학에서는 첫 만남에서 상대방에 대한 이미지의 70%가 결정되고, 기업 CEO나 인사 담당자들도 첫인상으로 입사 지원자의 합격 여부를 결정한 비율이 70%가 넘는다고 하니, 상대에게 호감 가는 첫인상을 갖춘다면 반 이상 성공한 것이나 다름없다.

첫눈에 '괜찮아 보이네'라는 느낌을 주면 두 번째 만남은 쉽게 이어질 수 있지만, '별론데', '부담스럽네', '얄미운 인상이네' 같은 느낌을 준다면 그것으로 끝인 경우도 허다하다. 아무리 프레젠테이션을 열심히 준비했어도, 아무리 맛있는 요리를 준비했어도 두 번째 기회가 없다면 얼마나 허망할까? 그러니까 '이 빌어먹을 첫인상'이 얼마나 '센' 것인지 알겠는가?

심리학에서는 첫인상이 이렇게 센 이유를 '확증 편향confirmation bias' 이론으로 설명한다. 이 이론은 인간의 정신은 일단 한번 생각을 형성하고 나면 그 생각과 일치하는 정보는 받아들이고 상반되는 정보는 무시하거나 거부한다는 것이다. 먼저 제시된 정보가 나중에 제시된 정보보다 더 큰 영향력을 발휘한다는 '초두 효과primacy effect'와, 처음에 제공된 정보가 후속 판단의 기준점 역할을 해서 그 기준에서 벗어나기 힘든 현상을 말하는 '정박 효과anchoring effect'도 모두 첫인상의 근거가 된다.

첫 단추를 잘못 끼웠을 때, 그러니까 첫인상에서 호감을 주지 못했다면 그것을 뒤집기 위해서는 60번을 더 만나야 한다. 반복적으로 좋은 행동과 태도를 보여 인상을 바꾸어야 한다는 것으로 이를 '빈발 효과frequency effect'라고 한다. 한 직장에서 계속 봐야 한다면 첫인상을 바꿀 60번의 기회를 얻을 수도 있겠지만, 대부분의 경우는 뒤집을 기회를 갖기 힘들다. 꼭 필요한 비즈니스가 아니라면 첫인상이 안 좋았던 사람을 만날 이유가 없지 않은가? 생각해 보라. 첫인상이 안 좋았던 가게를 다시 방문한 경험이 있는지를.

앞에서 말한 0.017초는 정말 찰나의 순간, 우리 눈에 스쳐 지나간 시각적 이미지에 의한 평가이다. 대개 사람과 사람의 만남은 0.017초 만에 끝나지는 않는다. 인사도 하고 악수도 하고 이야기도 어느 정도는 나누게 된다. 미국 마이크로소프트의 연구에 따르면, 미국인들이 집중할 수 있는 시간은 평균 8초에 불과하기 때문에 성공적인 커뮤니케이션을 위해서는 8초 안에 상대방의 마음을 사로잡아야 한다고 한다. 이 8초의 시간 안에는 시각적 요소뿐만 아니라 청각적 요소까지 모두 포함되는데, 각각의 요소가 차지하는 비중을 분석한 것이 바로 그 유명한 '메라비언의 법칙'이다.

'메라비언의 법칙The Law of Mehrabian'은 캘리포니아 대학교 심리학과 앨버트 메라비언 교수가 1971년 발간한 책『Silent Messages』를 통해 발표한 커뮤니케이션 이론인데, 호감과 첫인상에 대해 이야기하려면 반

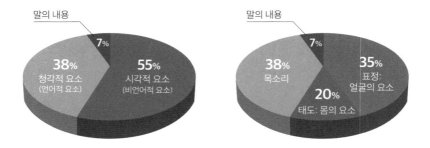

메라비언의 법칙

드시 기억해야 한다.

위 왼쪽 그림과 같이 시각적 요소, 청각적 요소, 말의 내용이 사람들의 판단 기준이 되는데, 말의 내용보다 그 외의 것이 훨씬 큰 비중을 차지하는 데 학계는 큰 충격을 받았다고 한다. 그 비율이 무려 7:93이었으니까.

시각적 요소는 또 오른쪽 그림과 같이 '표정'과 '태도'의 두 부분으로 나뉜다. '얼굴의 요소'와 '몸의 요소'로 나누어 분석한 것인데, 35:20으로 얼굴이 더 중요하다고 볼 수 있겠다.

'메라비언의 법칙' 덕분에 우리는 어떤 면에서 어떤 노력을 기울여야 할 것인지 쉽게 알게 되었다. 일단은 시각적 요소가 가장 중요하다. 신은 인간을 시각적인 동물로 만들었기 때문에 우리는 시각에 가장 많이 의존하고 시각적 정보를 가장 신뢰한다. 시각적 요소는 인식이 빠르고 사람의 인상을 결정짓는 첫 번째 요소이기도 하다. 그다음으로 청각적 요소가 시각적 요소 못지않게 중요하다. 여기서 말하는 청각적 요소란 말의 내용을 뺀 나머지를 말한다. 먼저 음성의 질감, 즉 목소리 자체가 좋아야 한다. 목소리의 톤, 그러니까 말의 높낮이도 중요하고 말의 빠르기와 크기도 상당한 비중을 차지한다. 거기에 억양, 악센트, 사투리, 어휘와 문장력의 수준, 고유의 말버릇 등이 영향을 미친다.

그런데 여기서 착각하지 말아야 할 것이 있다. 외모가 무조건 잘생기고 예뻐야 한다는 뜻이 아니라는 것이다. 물론 예쁘고 잘생기면 좋겠지만 세일즈와 커뮤니케이션을 위한 호감은 전적으로 신뢰감의 문제인 것이다. '얼마나 신뢰할 수 있을까?'는 예쁘고 잘생긴 것과는 별 관련이 없다. 실제로 누구보다 강력한 커뮤니케이션 능력으로 자신의 분야에서 최고의 위치에 오른 사람들 중에는 잘생기고 예쁜 외모보다 신뢰감이 가는 외모를 가진 이들이 훨씬 많다.

신뢰감 가는 외모, 즉 시각적 요소를 갖추기 위해 필자 같은 쇼호스트들은 수많은 전문가의 도움을 받는다. 라이브 커머스 진행자들 중에는 그런 도움을 받을 수 있는 사람도 있겠지만 스스로 모든 것을 해결해야 하는 사람이 더 많을 것이다. 자영업 하는 이들은 더 어렵겠다. 헤어, 메이크업, 의상, 표정, 자세, 보디랭귀지 등 시각적 요소와 목소리, 말투 등 청각적 요소를 업그레이드할 수 있는 방법은 이어지는 각 장에서 상세히 살펴보기로 하고 여기서는 첫 만남에서 필수적인 인사, 악수, 명함, 소개법만 먼저 살펴보겠다.

첫 만남을 성공으로 이끄는 인사법

인사는 인간관계의 기본이다. 인사만 잘해도 좋은 첫인상을 줄 수 있다. 쾌활하고 적당히 에너지 있는 목소리로 진짜 반갑게 인사하는 사람을 보면 좋은 기분이 한참 간다. 하는 둥 마는 둥 쭈뼛쭈뼛 인사하는 사람을 보면 인사를 받고도 기분이 좋지 않다. 모기 같은 목소리나 주위 사람들이 놀랄 만큼 큰 소리, 틀에 박힌 형식적인 인사도 별로이다. 식당에 들어갔을 때 너무나 상투적인 '어서 오세요!'라는 외침보다, 같은 '어서 오세요!'라도 고객에게 눈을 맞추며 진정성 있게 전한다면 그 느낌은 180도 달라진다. 특히 처음 만나는 사람이 많은 자영업자나 영업직 종사자들은 좋은 인사가 훌륭한 무기가 될 수 있다. 사람의 무의식은 인사만 나눠도 상대방을 '모르는 사람'에서 '아는 사람'으로 전환시키기 때문이다. 그리고 인사 후에 이어지는 몇 마디를 통해 그 고객을 단골로 만들 수도 있다.

한 가족이 주말을 맞아 교외에 있는 레스토랑을 찾아가는데 교통 정체가 너무 심해 다들 파김치가 되어서야 도착했다. 상황을 눈치챈 레스토랑 매니저는 "어서 오십시오. 오시느라 고생이 많으셨죠? 오늘 같은 날은 저희가 진짜 맛있는 식사를 준비해야겠네요."라며 인사를 건넸고, 매니저의 친절한 인사에 기분이 좋아진 그 가족은 그 후 단골이 되었다고 한다.

원래 비즈니스 인사법으로 가벼운 목례부터 상대방에 따라 허리를 몇 도 숙이고 어떤 인사말을 사용해야 하는지, 접근하면서 인사를 할 때는 대여섯 걸음 정도 떨어져 있을 때 하라는 등 여러 조언이 있지만, 그런 형식을 따지기보다는 진심으로 반갑고 상대방을 존중하는 마음을 전하는 것이 인사의 가장 중요한 덕목인 것 같다.

나는 방송할 때마다 인사말을 매번 다르게 하려고 노력한다. 뇌과학자인 KAIST 김대식 교수의 강연에서 들었는데 우리의 뇌는 용량이 꽉 차고 과부하가 걸리는 것을 막기 위해 늘 똑같은 것은 삭제해 버린다고 한다. 이것을 인지적 효율성(cognitive efficiency)이라고 하는데 늘 비슷한 일상은 잘 기억하지 못하는 이유가 이 때문이다. 그래서 나는 고객들에게 늘 다른 인상을 주려 매번 인사말을 고민한다. 우리 가게에 찾아오는 단골손님이 올 때마다 다른 경험을 할 수 있도록 인사말 하나라도 달리해 보는 건 어떨까. 새로운 인사말은 단골손님에게 새로운 기억을 심어줄 것이다.

악수

악수를 할 때는 손을 너무 가볍게 잡는 것보다는 어느 정도 힘이 들어가도록 잡는 것이 좋다(트럼프처럼 힘자랑까지 할 필요는 없지만). 손을 잡은 뒤에는 반가움을 표하며 두세 차례 아래위로 흔든다. 서로의 눈을 바라보고, 상대에 따라 가벼운 목례를 함께 해도 좋겠다.

악수는 보통 윗사람이 아랫사람에게, 여성이 남성에게, 기혼자가 미혼자에게 청하는 것이 에티켓이며 대부분의 비즈니스 미팅에서는 악수를 두 번 한다. 미팅이 시작될 때 한 번, 끝날 때 한 번. 기회는 두 번뿐이니 악수할 때도 좋은 인상을 주도록 노력하자.

명함 건네기

사업을 하거나 영업을 하거나 직장 생활을 하거나 명함은 늘 지니고 다녀야 한다. 누구를 만나건 자기 이름과 소속을 알리고 증명하는 자기소개서이기 때문이다. 남성 슈트 재킷에는 명함 주머니가 따로 있지만 별도의 명함 지갑에 넣고 다니는 것이 보기 좋다.

명함은 서열이 낮은 사람이 먼저 건넨다. 다른 회사에 방문했다면 지위와 관계없이 방문한 사람이 먼저 건네는 것이 좋다. 명함은 두 손으로 건네며, 한 손으로 건넬 때는 왼손이 오른손을 받치는 자세여야 한다. 상대방이 명함을 바로 확인할 수 있게 표기 방향을 상대 쪽으로 돌려서 전달하고, 전달할 때 상대방과 눈을 맞추며 이름과 소속을 말하는 것이 좋다.

명함을 받을 때는 일어서서 받는 것이 예의이다. 명함을 동시에 주고받을 때는 오른손으로 주고 왼손으로 받는다. 명함을 받은 다음에는 명함에 적힌 상대방 이름과 직급을 나지막하게 말해 보는 것이 좋다. 받은 명함을 곧바로 명함 지갑이나 주머니에 넣지 말고, 자신이 앉은 테이블의 오른쪽 하단에 올려놓는다.

두 사람 사이에서 소개를 할 때에는 나이가 어린 사람을 연장자에게 먼저 소개하는 것이 순서이다. 남성을 여성에게, 후배를 선배에게, 자기 회사 사람을 손님에게 먼저 소개한다. 높은 사람이 먼저 소개를 받는다고 생각하면 된다. 높은 사람을 소개받을 때, 남성이 여성을 소개받을 때에는 일어서는 것이 좋다.

우리가
남이가?

미묘한 모방은 상대를 추켜세우는 행동으로 그 자체로도 매혹적인 몸짓이다.

그런 종류의 칭찬을 해도 거래가 성사되지 않는다면,

오로지 고객이 당신의 제안을 도저히 받아들일 수 없기 때문일 것이다.

_ 뉴욕 타임스

"도나 기에 관심 있으세요?"

요즘은 잘 안 보이지만 몇 년 전까지만 해도 시내를 걷다 보면 이렇게 말을 거는 사람들을 자주 마주치곤 했다. "우아, 저 정말 도나 기에 관심 있어요!" 하면서 쫓아가본 사람이 있을까? 백이면 백 뒷걸음질하면서 피해 간다. 우리는 언제 어디서든 낯선 사람은 일단 피하고 본다. 우리의 무의식 속에 숨어 있는 '방어 본능' 때문이다. '본능'이니까 아마 태어날 때부터 내재되어 있었을 것이다. 이 방어 본능은 현대 사회에서는 별로 쓸모가 없는 것 같지만 본능이기 때문에 우리 안에 질기게 살아 있다. 어두운 숲에서 갑자기 호랑이가 튀어나와 물어 갈 일도, 누군가 갑자기 칼로 찌르고 봇짐을 빼앗아 갈 일도 없는데 말이다.

미국의 문화인류학자이자 '근접학'이라는 학문의 창시자인 에드워드 홀은 인간의 공간을 네 가지로 구분해 각 공간에 해당하는 거리를 '인간관계의 거리'로 제시했다. 엄마와 아이, 연인 사이의 지극히 친밀한 거리는 46cm 이내, 친한 친구나 지인과의 사적 영역은 1.2m, 비즈니스 관계 같은 일반적 사회생활의 거리는 약 3.6m, 그 이상은 공적인 거리라는 것이다. 인간은 사적인 영역 이내로 다른 사람이 접근해 오면 불안감과 공포감을 느끼고 밀쳐내는 등 반격을 하거나 도망을 간다. '도'나 '기'로 접근하는 사람을 피해 뒷걸음질하는 행동이 그것이다.

그런데 이 방어 본능은 세일즈에 정말 큰 걸림돌이 된다. 사업이 성공하려면 최대한 많은 '낯선' 사람과 만나야 하는데 사람들은 이 방어 본능 때문에 낯선 사람을 피하게 되어 있으니까.

앞 장에서 일단 인사만 잘 나눠도 무의식은 상대방을 '모르는 사람'에서 어느 정도 '아는 사람'으로 전환한다고 했는데, 그것으로는 많이 부족하다. 이 '방어 본능'을 무력화할 수 있는 더 센 한 방이 필요하다.

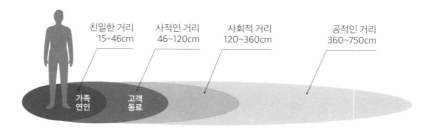

친밀한 거리
15~46cm

사적인 거리
46~120cm

사회적 거리
120~360cm

공적인 거리
360~750cm

가족
연인

고객
동료

인간관계의 거리(출처: 『숨겨진 차원』, 에드워드 홀)

공통점은 방어 본능을 한 방에 무너뜨린다

키아누 리브스와 패트릭 스웨이지가 나오는 〈폭풍 속으로〉라는 영화가 있었다. 내가 고등학생 때 개봉한 영화인데 지금까지도 가장 좋아하는 영화 중 하나다. 은행 강도를 쫓는 FBI 요원의 이야기인데 은행을 터는 서핑족 두목이 패트릭 스웨이지, 그의 뒤를 쫓는 신참 FBI 요원이 키아누 리브스이다. 키아누 리브스가 서핑족 근거지에 위장 잠입을 해야 하는데 그 패거리의 홍일점 아가씨를 유혹해서 잠입하려고 한다. FBI니까 손쉽게 신상 정보를 털어서 그 여자가 사고로 부모님을 잃었다는 사실을 알아낸 뒤 그 여자가 일하는 바에 찾아가서 넋두리를 풀어놓는다. "난 평생 부모님이 원하는 대로만 살았어. 부모님 뜻대로 법대를 가서 부모님이 원하신 변호사가 됐지. 그런데 얼마 전에 우리 부모님이 사고로 돌아가셨어. 난 이제 내가 하고 싶은 대로 하면서 살 거야."

부모님이 사고로 돌아가셨다는 말을 듣는 순간 여자의 눈동자가 흔들린다. 단순한 연민의 감정이 아니라 자신과 같은 아픔을 겪었다는, 바로 '공통점'을 발견한 것이다. 그 순간부터 둘의 관계는 급진전되고 수사도 급물살을 타게 된다.

2002년 월드컵을 아직 생생하게 기억할 것이다. 우리나라가 월드컵 4강에 오른 것은 평생에 다시없을 것 같은 대단한 성적이었다. 특히 경기 때마다 전국의 광장이란 광장은 전부 붉은 악마로 넘쳐났고 온 국민이 하나가 되어 "대~한민국!!"을 외치던 응원의 물결은 전 세계가 놀랄 정도로, 그 자체로 하나의 역사였다. 우리나라의 경기가 있을 때는 서울시청 앞 광장에만 약 50만 명이 모일 정도로 시청 앞은 붉은 악마 응원의 중심지였다. 나도 16강 이탈리아전을 응원하러 시청 앞 광장에 나갔었는데, 경기는 저녁에 열리지만 자리를 잡으려면 아침부터 나가서 돗자리를 깔아야 했다. 하루 종일 기다리다 시작된 경기, 안정환의 헤딩 결승골이 터지는 순간 대한민국 전체가 폭발하는 줄 알았다. 목이 터져라 함성을 지르면서 펄쩍펄쩍 뛰고 있는데 내 옆에서는 두 남녀가 부둥켜안고 뜨거운 키스를 나누고 있는 것이 아닌가? 하루 종일 봤는데, 분명히 일행이 아니었다. 치킨에 맥주를 마시면서 취기도 올랐고 경기의 열기로 후끈 달아오르기까지 했지만 그래도… 나는 정말 놀랐다. 나중에 생각해 보니 그때는 모두가 붉은 티셔츠를 입고, 모두가 "대~한민국!"을 외치며, 모두가 한마음으로 국가대표팀을 응원하고 있던 상황, 그렇게 100% 찐하게 한국인이라는 공통점이 대한민국 국민 모두의 방어 본능을 극한까지 허물어버렸던 현장을 경험한 것이다.

강아지 산책길에 만난 견주들은 모르는 사이임에도 스스럼없이 이야기를 나눈다. 해외여행을 가서 한국인을 보면 "한국에서 오셨어요? 이야~~ 반가워요~~!" 하며 인사를 건네고, 등산, 골프, 테니스, 배드민턴, 자전거 타기 등등 동호회에 나가면 그 순간 모두가 친구다. "우리가 남이가?" 하는 지연, 학연, 혈연이란 공통점으로 대동단결하는 것이다.

심리학자 제임스 엠스윌러 교수가 실험을 했는데, 대학 캠퍼스에서 다양한 복장의 연구 보조자들이 대학생들에게 10센트를 빌리도록 했다. 학생들과 비슷한 복장을 한 연구자에게는 60% 넘게 돈을 빌려주었는데, 이질적인 복장을 한 사람에게는 40%만이 빌려주었다고 한다. 옷만 바꾸어도 이렇게 성과가 차이 난다.

이제 알겠는가? 방어 본능을 무너뜨릴 더 센 한 방은 바로 '공통점'이다. 고객과의 공통점을 찾으면 된다는 것이다.

방송에서 프로그램을 시작할 때 출연자들이 시청자에게 인사를 하는 시간을 '오프닝'이라고 한다. 예능 프로그램도 시사 프로그램도 마찬가지이다. 대개 "안녕하세요, 강동섭입니다."로 끝나진 않는다. 몇 마디를 더 붙이는 것이 일반적이다. 이 인사말 뒤에 붙이는 몇 마디가 진짜 오프닝이라고 할 수 있다. 왜냐하면 그 짧은 오프닝 동안 시청자들과 공통점을 찾아 공감대를 형성해야 하기 때문이다. 이것이 오프닝의 임무다. 그렇게 해야 시청자들은 마음을 조금이라도 열고 이어지는 본방송에 집중할 수 있고, 진행자인 나도 본격적으로 설득 커뮤니케이션을 펼칠 수 있으니까.

그런데 홈쇼핑 방송을 진행할 때 가장 큰 애로점은 타깃이 명확하지 않다는 것이다. 전국의 불특정 다수에게 송출되는 방송이니 특정 공통점으로 묶기가 쉽지 않다. 주문 접수 시스템을 통해 실시간으로 알 수 있는 고객 정보는 지역과 연령대 정도이다. '수도권, 40대 중후반, 여성 고객이 절반 이상'이란 식이다.

이런 불특정 다수에게서 공통점을 이끌어낼 수 있는 선택은 크게 두 가지다. 넓고 얇게 펼칠 수 있는 소재로 대표적인 것이 '날씨' 이야기다.

"여러분, 오늘 참 추우시죠?" 하면 그 순간 대한민국에 사는 거의 모든 사람은 자기도 모르게 그냥 '아이구 추워…' 하며 나를 자신과 같은 추위를 겪고 있는 한국인이라는 공통점으로 묶어버린다. 왜냐하면 날씨도 감성의 영역이기 때문이다. 그와 동시에 시청자들의 방어 본능은 조금이나마 허물어진다.

조금 더 좁지만 무게 있게 펼칠 수 있는 소재는 해당 상품과 관련된 오프닝이다. 타깃을 좁히는 것이다.

청소기 방송을 시작하는 오프닝에서 "지금까지 청소하느라 얼마나 힘드셨습니까?"라고 물으면, "우리 집 청소기는 구입한 지 8년이나 된 구식 모델이라 무게가 4.5kg이나 나가고 전기선을 연결해야 되니까 방마다 이동하기도 힘들고 뒤에선 미세 먼지가 뿜어져 나와서 목도 아프다."라며 분석적으로 생각하는 사람은 없다. 그저 자신도 모르게 힘들고 귀찮은 느낌이 몰려올 것이다.

홈쇼핑 방송을 진행할 때 나에게는 이 정도가 최선이다. 반면 일반적인 영업이나 판매, 마케팅의 경우에는 타깃을 특정할 수 있기 때문에 타깃팅을 통해 훨씬 쉽게 고객과의 공통점을 찾아낼 수 있다.

고객과의 공통점을 찾아내는 방법은 무엇일까

김대중 대통령과 노무현 대통령의 연설비서관을 지낸 강원국 선생은 "첫마디는 엉킨 머릿속 말을 푸는 실마리다. 첫마디가 잘 풀리면 대화든 강연이든 실타래가 술술 풀린다. 첫마디를 푸는 방법 중 하나는 나의 근황을 말하는 것이다. 따로 준비할 필요가 없고, 상대의 요즘 상황 얘기로 자연스럽게 넘어갈 수 있어 무난한 첫마디가 된다."라고 말했다. 세계적인 베스트셀러『좋은 기업을 넘어 위대한 기업으로』의 저자 짐 콜린스는 사람들과 대화를 시작할 때 언제나 "어디 출신이에요?"라고 묻는다고 한다. 경험상 직업에 대해 묻는 것보다 사람들이 쉽게 말문을 여는 데다 훨씬 이야깃거리도 많고 언제나 친근하고 흥미로운 대화가 이어지게 된다고 한다. 같은 고향이면 최고로 좋겠지만, 그곳에서 산 적이 있거나 좋은 추억이 있다며 대화를 이어나가기만 해도 큰 효과를 볼 수 있다.

나 역시 처음 보는 사람들과 대화를 나누게 되면 먼저 내 이야기를 툭툭 던진다. 얼마 전에 등산을 갔는데, 자전거를 탔는데, 인천에 가서 뭘 먹었는데, 넷플릭스에서 〈오징어 게임〉을 봤는데, 내 고향이 부산인데, 내 동생이 전주에서 일하는데, 아버지가 은퇴하고 제주에서 사시는데, 조카가 LA에 유학 갔는데… 몇 가지만 해보면 웬만하면 다 걸린다. 종종 암 수술한 얘기를 꺼내기도 한다. "전 위가 없어요. 6년 전에 위암 수술로 들어냈거든요. 별거 아니더라고요. 이렇게 건강하잖아요." 이런 이야기는 오히려 쾌활하게 말한다. 내 나이 또래 이상 되면 어디든 안 아파본 사람이나 부모님이 편찮지 않은 사람이 별로 없기 때문에 병 이야기로도 밤샐 수 있다. 특히 이 주제는 공감력이 세다.

이 책의 출판사인 북드림 대표와는 첫 미팅 자리에서 둘 다 아버지가 목사라는 공통점에서 이야기가 시작되어 2시간 넘게 수다를 떨었다. "저희 아버지가 목사님이신데…" "아, 정말요? 저희 아버지도 목사님이

세요!" "우아! 진짜요?"

이런 것이 심리학자 카를 융이 말한 '자기 노출self-disclosure'인데, 내가 개인적인 것들을 노출하면 상대방도 자신을 드러내기 때문에 정말 순식간에 공통점을 찾아서 공감대를 형성할 수 있다.

또 음식 이야기는 언제나 누구와도 말을 이어갈 수 있는 소재이다. "어제 〈편스토랑〉에 ○○ 요리가 나오던데, 그거 좋아하세요?" "사무실이 논현동에 있어요? 거기 유명한 맛집 있는데~."

얼마 전 가수 이무송 씨와 처음으로 방송을 진행하게 되었다. 쇼호스트 입장에서는 게스트가 최고로 기분 좋은 상태에서 모든 것을 쏟아내고 가야 하기 때문에 방송 전에 대화를 많이 하는 편이다. "선배님, 몸이 되게 탄탄해지셨어요!" "내가 요즘 자전거를 빡세게 타잖아." "선배님, 저도 몇 년 전에 자전거 타고 해남까지 갔다 왔어요!" 자전거 이야기로 물꼬를 터서 방송이 끝나고 나서까지 수다를 떨었다. 물론 방송도 대성공이었다.

첫 대화의 물꼬를 트는 유용한 방법 중 하나로 명함을 활용하는 방법도 있다. 상대방의 명함을 유심히 살펴보면 대화 거리가 반드시 있을 것이다. 특정한 로고가 있다면 "이 그림이 무슨 의미인가요?", 흔하지 않은 직함이나 직책이 적혀 있다면 "구체적으로 어떤 일을 하시나요?" 또는 "지금 하시는 일을 어떻게 시작하게 됐나요?"라고 물어보면서 관심을 표하면 된다. 상대방은 관심을 가져주는 당신에게 호감이 생길 것이다.

커플이라면 결혼을 앞두고 있거나 결혼한 지 20년이 지났거나 간에 "두 분이 어떻게 만나셨어요?", "우아, 저도 아내랑 그렇게 만났어요!" 하면서 대화의 물꼬를 틀 수 있다. '어떻게'와 '왜'라는 질문을 활용하면 부드럽고 어색하지 않게 대화를 시작하는 데 도움이 되고, 또 대화를 이어갈 소재가 계속해서 생긴다.

요즘은 카카오스토리나 인스타그램, 페이스북 같은 SNS가 너무 발달해서 FBI가 아니어도 상대방의 정보를 미리 얻기가 편해졌다. "고향이 강원도인가요?" "인스타 봤는데 자전거 타세요? 우아~ 저도 MTB 타요!" 카카오톡 프로필 사진을 보고서는 "강아지 키우세요? 전 닥스훈트 키우는데~" 등등 끝이 없다.

셜록 홈즈는 "손톱, 표정, 발 모양, 몸동작을 보면 그 사람의 정체를 파악할 수 있다. 현명한 사람이라면 어떤 경우든 그 정도의 증거만 가지고도 상대의 정체를 알아낼 수 있다."고 했다. 우리도 어느 정도만 잘 관찰하면 할 수 있다. "그 핸드백, 저도 그 브랜드 너무 좋아하는데…" "그거 배용준 씨가 쓴 안경테잖아요? 저도 그 브랜드 안경테 있어요." "운동 열심히 하시나 봐요? 어깨가 탄탄하시네요. 저도 어제 PT 받고 왔는데… 전 그렇게 커지질 않네요."

이제 누구를 만나도 공통점을 찾아내고 대화를 이어나갈 수 있을 것이라 믿는다. 여기서 한 걸음 더 들어가면 공통점을 찾아내는 것을 넘어서 공통점을 만들어낼 수도 있다. 상대방을 따라 하는 '미러링 mirroring(거울 기법)'이 그 방법이다. 미러링은 '말 따라 하기 verbal mirroring'

와 '신체 모방하기 ^{body echoing}'의 두 가지 측면이 있는데, 심리학자 칼 로 저스에 의해 짧은 시간 내에 상대방과 유대감을 형성할 수 있는 매우 강력한 기법이라고 검증이 되었다. 네덜란드에서 시행된 실험에서는 고객의 식사 주문을 그대로 따라서 말한 종업원이 다른 종업원들보다 70%나 더 많은 팁을 받았고 손님들도 식사에 더 만족하더라는 결과가 나왔다. 국내 콜센터 상담원들에 대한 조사에서도 고객의 말을 그대로 따라 한 상담원들의 계약 성공률과 고객 만족도가 훨씬 높은 것으로 나타났다.

미러링을 잘 활용하기 위해서는 우선 상대방의 말을 경청하고 상대방의 행동을 잘 관찰해야 한다. 상대방의 말이 빨라지면 나도 빠르게, 느려지면 나도 느리게, 톤이 높아지면 나도 따라서 높게 말한다. 상대방이 중요한 말을 한다면 그대로 반복한다. 특히 특별한 단어는 그 단어 그대로 반복한다.

팔짱을 끼거나 다리를 꼬거나 손으로 제스처를 취한다면 역시 그 행동을 따라 한다. 단, 너무 티 나게 바로 따라 하면 안 된다. 고객이 어떤 몸동작을 하면 곧바로 따라 하지 말고 5초 정도 후에 그 몸동작을 따라 하는 것이 좋다. 이런 '전략적 모방'을 보험 회사처럼 영업이 중요한 회사에서는 이미 훈련 프로그램에 적용하고 있다.

미러링을 사용할 때는 세 가지만 주의하자. ① 너무 자주 따라 하는 것은 금물, ② 상대가 눈치채지 못하게 자연스러워야 하며, ③ 미러링에 신경 쓰느라 상대방의 말에 집중하지 못하면 안 된다. 그래서 연습이 필요한 것이다. 그리고 리플리처럼 거짓말을 해서는 안 되지만 약간의 MSG는 좋은 분위기를 만들 때 도움이 되기도 한다.

내가 방송 전에 오프닝을 준비하는 것처럼 당신도 고객을 만나기 전에 전략적으로 오프닝을 준비해야 한다. 당신은 어떤 오프닝을 준비할 것인가?

2장

팔리는
비주얼

웃으면
복이 와요

인류 역사상 가장 유명한 그림 중 하나인 〈최후의 만찬〉은 르네상스를 대표하는 천재 레오나르도 다 빈치가 1495~1497년에 걸쳐 이탈리아 밀라노에 있는 산타 마리아 델레 그라치에 수도원의 식당 벽면에 그린 작품이다. 다 빈치는 밀라노 공작의 의뢰를 받고 작품 구상과 여러 장의 스케치를 통해 준비를 끝내고 나서 모델을 찾으러 나섰다. 성당에서 무릎을 꿇고 기도하는 아름다운 청년을 발견하고는 한눈에 예수의 모델로 낙점했는데 그는 피에트리 반디넬리라는 젊은이였다.

그 후로 6년 동안 11명의 제자들까지 완성을 했는데 정작 배신의 아이콘 가롯 유다의 얼굴을 가진 모델을 찾을 수가 없었다. 배신의 아이콘답게 사악하고 추한 얼굴로 그리고 싶었는데 그런 얼굴이 눈에 띄지를 않는 것이다. 어느 날 모델을 찾아 감옥을 뒤지던 중 한 죄수를 봤는데 딱 그런 얼굴이었다고 한다. 다 빈치 자신이 찾고 있던 가룟 유다의 얼굴. 그를 모델로 가룟 유다를 그리다 다 빈치는 깜짝 놀라고 말았다. 그가 바로 몇 해 전 예수의 모델이었던 반디넬리였기 때문이다. 얼굴의 윤곽, 콧날, 입술 등은 변함이 없었는데 그의 인상은 너무나 사악하게 변해 있었다. 사실 이 이야기는 진위 논쟁이 있기도 하지만 이런 이야기가 있다는 것 자체가 표정과 인상의 중요성을 극단적으로 보여주는 예라고 하겠다.

표정과 인상으로 운명이 바뀐 사람들의 사례는 무궁무진하다. 유명한 사건으로 1960년 미국 역사상 최초의 대통령 선거 후보 TV 토론에서 맞붙은 케네디와 닉슨이 있다. 당시 케네디는 40대 초반의 무명이나 다름없던 정치 신인이었고, 닉슨은 부통령까지 지낸 인지도 높은 거물 정치인으로 사전 지지율에서 상대가 안 될 정도로 앞서가고 있었다. 하지만 TV 토론을 거듭할수록 극적으로 케네디의 지지율이 올라가더니 결국 케네디가 대통령에 당선됐다. TV 시대가 열리지 않았다면 케네디는 절대 당선되지 못했을 것이라 할 만큼 TV를 통해 시각적으로 중계된 케네디의 미소와 매너 있는 태도는 유권자의 마음을 움직이는 강력한 무기가 된 것이다.

"인상이 운명을 결정한다는 말은 절대 과장이 아니다."라고 한 미국의 전설적인 앵커 바바라 월터스의 말을 결코 가볍게 들어서는 안 되겠다. 이문재 시인은 "얼굴은 나의 것이지만, 실제로는 거의 전적으로 타

케네디와 닉슨의 TV 토론 화면

인을 위해 존재한다. 얼굴은 '남의 것'이다."라고 했다. 역시 얼굴에 드러나는 인상과 표정을 강조한 말이다.

가장 효과적인 세일즈 도구는 웃음이다

표정 중에서도 우리가 가장 집중해야 하는 것은 바로 웃음이다. 단언컨대 웃음은 여러분의 호감도를 끌어올려 줄 것이다. 웃음은 여러분의 매출을 끌어올려 줄 것이다. 웃음은 여러분의 인생을 업그레이드해 줄 것이다. 수많은 사례가 증명해 왔다.

얼마 전 국내 일간지에 토스트를 파는 노점을 차려 제2의 인생을 성공적으로 개척한 사람의 인터뷰가 실렸다. 그는 매일 아침 5분씩 거울을 보면서 웃는 연습을 했다고 한다. 목표는 '윗니 8개가 보이도록 웃는다!'였다. 3개월 후에 하루 매출이 2배로 뛰었다고 한다.

또 보험업계의 전설로 불리는 여성 보험설계사도 거울 앞에서 입꼬리를 살짝 올리며 웃는 연습을 숱하게 하고 나니 어딜 가나, 누구한테나

인상 좋다는 말을 가장 많이 듣고 보험왕도 11번이나 차지하게 되었다.

미국 프린스턴 대학교 세일즈연구소 연구팀은 연기자들을 동원해서 50명은 시종일관 웃는 얼굴로, 50명은 무표정한 얼굴로, 50명은 험상궂거나 신경질적인 얼굴로 상품을 판매하도록 하는 실험을 했다. 웃는 얼굴팀은 목표 판매량의 3~10배 판매 실적을 올렸고, 무표정팀은 목표의 10~30%, 인상파팀은 하나도 팔지 못했다고 한다.

"웃음의 위력을 알지 못하는 세일즈맨은 결코 성공할 수 없다. 인간에게 얼굴이 있는 이유는 먹기 위해서나 세안하기 위해서 혹은 면도나 화장을 하기 위해서가 아니라, 오직 웃기 위해서다." 전설적인 세일즈맨 조 지라드의 말이다. 미국 경제 전문지 〈포춘〉은 부자들의 70%가 웃는 인상을 지녔다고 발표했다. 이를 거꾸로 해서 "웃는 인상을 지니면 부자가 될 확률이 높아진다."고 하면 지나친 비약일까?

나는 대학 졸업을 앞두고 방송인이 되기 위해 MBC 방송아카데미에 등록을 하면서 치열 교정을 시작했다. 교정기를 끼우고 있으니 웃는 모습이 너무나 어색해져서 매 수업마다 선생님들께 지적을 받았다. 이래서는 방송인이 절대 될 수 없겠구나 싶어 '에라 모르겠다, 그냥 웃자.'고 마음먹고 교정기가 보이든 말든 미친 듯이 웃기 시작했다. 〈개그콘서트〉 같은 예능 프로그램을 보면서 일부러 미친 듯이 웃었다. 다행히 점점 표정이 자연스러워졌고 CJ홈쇼핑에 최종 합격을 하게 되었다.

그런데 신입 쇼호스트로 방송을 할 때 함께 진행하던 선배가 "야! 넌 방송하면서 왜 자꾸 웃어?" 하면서 야단을 치는 것이다. 하지만 나는 "웃는 얼굴에 침 뱉으랴."라는 속담만 믿고 지금까지 웃으면서 방송을 하고 있다. 내가 22년 동안 방송을 계속할 수 있었던 이유 중에는 나의 밝은 표정이 큰 비중을 차지한다고 자신한다. 다음 실험이 그것을 증명한다.

캘리포니아 대학교 피오트르 윙키엘만 교수와 미시간 대학교 켄트 베리지 교수의 실험으로, 실험 참가자들에게 웃는 얼굴 사진과 찡그린 얼굴 사진을 0.16초 동안 보여주었는데, 이 시간은 참가자들이 웃는 얼굴을 봤는지 찡그린 얼굴을 봤는지 전혀 모를 정도로 짧았고, 긍정적이나 부정적으로 변하지도 않았다고 한다. 그런데도 행복한 얼굴을 본 참가자들이 실험 후 두 배나 더 음료를 많이 주문하고 더 많이 마셨다고 한다. 이런 현상을 '무의식적 감정 unconscious emotion'이라고 하는데, 감정의 변화가 일어났는데도 사람들은 그 변화뿐만 아니라 변화를 일으킨 자극조차 인지하지 못한다는 것이다. 특히 웃음은 '수용의 감정 feeling of acceptance'을 전달하여 당신에 대한 상대방의 신뢰감을 증가시킨다. 그래서 매장에서 일하는 직원들이 고객을 향해 미소 짓는 것, 쇼호스트나 방송 진행자가 웃는 표정으로 진행하는 것이 중요한 것이다. 심지어는 매장에 웃는 사람 사진만 붙여놓아도 매출 증가에 효과가 있다는 연구 결과도 있다. 그때 방송에서 웃는다고 야단을 쳤던 선배는 (내 책에서 소심하게 복수를 하자면) 이런 심리학 이론을 모르는 사람이었던 것이다.

국내 한 방송사 취재진이 세계적인 비즈니스 컨설턴트이자 성공학 강사인 브라이언 트레이시를 인터뷰했는데, 그는 말을 마칠 때마다 한 번씩 크게 미소를 지었다고 한다. 취재진은 처음 몇 번은 그냥 웃나 보다 했지만 나중에는 말이 끝난 뒤에는 그 미소가 기다려졌다고 한다. "저는 전 세계에서 수천 명의 사람과 일을 했습니다. 제 일은 사람을 긍정적으로 만드는 것인데 긍정적인 사람이 되는 방법은 웃는 것이죠. 그래서 말이 끝나면, 특히 촬영이 있을 때는 말이 끝나면 꼭 미소를 짓습니다. 사람들에게 마지막으로 남겨야 하는 것은 미소입니다. 심각한 사람은 부정적 영향을 미치고 웃는 사람은 긍정적 영향을 미칩니다."

한 번의 미소가 초콜릿 2,000개와 필적할 만큼 뇌를 기분 좋게 자극한다는 연구도 있고, 현금으로 2만 5,000달러를 얻는 것만큼의 자극을 주는 가치가 있다는 연구도 있다. 웃음의 위력이 얼마나 어마어마한지 알겠는가? 그렇다면 우리는 어떻게 웃어야 할까?

웃음에도 노하우가 있다

지금은 사라졌지만 한 20년 전까지만 해도 백화점을 가면 여직원들이 문 앞에서 줄지어 서서 방긋 웃으면서 "안녕하십니까?" 인사하던 것이 기억난다. 비행기 승무원들도 그랬다. 어린 나이에도 그 미소가 그다지 자연스럽게 느껴지지 않았는데, 이런 생각을 한 사람이 나뿐만은 아닐 것이다. 진정성 없는 가짜 웃음, 그게 바로 '팬암 미소Pan Am smile'이다. '팬암'은 '팬 아메리칸 항공Pan American Airways'의 줄임말인데 망한 지 오래된 미국 항공사라서 생소한 사람들이 많을 듯하다. 영화 〈캐치 미 이프 유 캔〉에서 프랭크(레오나르도 디카프리오 분)가 조종사인 척 사기를 쳤던 그 항공사가 바로 팬암이다. 1991년에 경영난으로 파산했다.

만들어진 미소: 팬암 미소(사진은 abc TV 시리즈 〈PAN AM〉 포스터, 2011~2012)

팬암은 일찍부터 기내 승무원들이 더 친절해 보이고 승객들에게 좋은 인상을 주기 위해 똑같은 미소를 짓도록 훈련을 시켰다. 서비스 업종에서 이런 직업적 미소를 훈련시킨 선두 주자였기 때문에 '팬암 미소'라는 말까지 생겨난 것이다. '팬암 미소', 그러니까 일부러 만들어내는 미소는 입과 뺨은 웃음을 짓는데 눈가 근육은 별로 움직이지 않는다. 이렇게 일부러 만들어내는 미소를 사람들이 눈치채지 못할 리가 없다. 누구나 가식이라는 것을 아니까. 어쩌면 이때부터 '감정 노동'이란 것이 시작되었는지도 모르겠다.

얼굴 심리학의 대가로 불리는 폴 에크먼 캘리포니아 대학교 명예교수는 얼굴의 표정들 중에 특별히 '웃음'을 집중적으로 연구해서, 사람들이 얼굴에 있는 80여 개 근육 중 43개를 움직여 19가지의 웃음을 짓는다는 것을 밝혀냈다. 그런데 정말 놀라운 것은 이 19가지 웃음 중에서 진정 기쁘고 행복하고 즐겁고 웃겨서 나오는 웃음은 단 하나였다는 것이다. 이게 정말 중요하다. 진짜 웃음은 단 1개, 나머지 18개는 다 가짜 웃음이라는 것.

팬암 미소처럼 보여주기 위해서 일부러 만드는 가식적인 웃음도 있고, 차가운 웃음인 냉소(冷笑), 아양을 떠는 교소(嬌笑), 실수로 웃는 실소(失笑), 비야냥과 비웃음의 조소(嘲笑), 바보 같은 치소(癡笑) 등 쓸데없는 웃음이 우리 얼굴에 꽤 많이 있는 것이다.

심리학자 리처드 와이즈먼은 "진짜 웃음을 지을 때 사람은 얼굴 근육을 더 많이 쓰고 눈가에 잔주름이 생긴다."라고 했다. 정말 기쁘고 행복해서 웃음이 나올 때는 입꼬리가 위로 올라가고 두 눈이 안쪽으로 약간 모이면서 눈가에 주름이 나타나고 두 뺨의 윗부분이 들려 올라간다. 눈가에 있는 안륜근(눈둘레근)이라는 근육이 수축되기 때문인데, 에크먼 교수는 이 웃음을 '뒤셴 미소'라고 이름 붙였다. 바로 그 눈 주위 근육의 움직임을 연구했던 프랑스의 심리학자 기욤 뒤셴의 이름을 딴 것이다.

이 뒤셴 미소로 세상을 사로잡은 이가 바로 버락 오바마 전 미국 대통령이다. UC 리버사이드 대학교 심리학과 하워드 프리드먼 교수의 분석이다. "카리스마 있는 미소란 얼굴 전체를 이용한 미소이다. 입만 움직이면 카리스마가 없다. 하지만 이렇게 눈과 입이 같이 웃으면 얼굴 전체가 환해진다." 오바마의 이런 미소는 사람들에게 상당히 인상적이었다. 포커페이스를 유지하다가 갑자기 큰 웃음을 지어 보였기 때문이다. 이런 미소는 그가 말하고자 하는 것을 효과적으로 전달하는 좋은

진짜 미소: 뒤센 미소의 대명사 오바마 미소

방법이다.

우리는 오바마와 같은 진짜 웃음을 웃어야 한다. 요즘 말로 '자본주의 미소', '영혼 없는 웃음' 말고 '진짜 웃음'을 말이다. 진짜 웃음을 웃는 사람이 더 오래 살고, 진짜 웃음을 웃는 사람이 더 행복한 결혼 생활을 하고, 진짜 웃음을 웃는 사람이 더 성공하고 부자가 된다는 수많은 연구 결과가 있으니까.

진짜로 웃으려면 많이 웃어야 한다. 무조건 많이 웃어야 한다. 미친 듯이 많이 웃어야 한다. 에크먼 교수의 연구에서 보았듯 표정은 얼굴 근육의 움직임이다. 진짜 웃음을 훈련하는 것을 근육 훈련으로 볼 수 있다는 것이다. 헬스나 필라테스를 하면서 같은 동작을 계속 반복하며 근육을 단련시키는 것과 같다. 숭실대학교 이미지경영학과 송은영 교수도 "미소 근육을 단련시키자."라고 했다. 묻지도 따지지도 말고 그냥 웃자.

사람은 일생 동안 약 50만 번 웃는다. 성인은 하루 평균 8번 웃는데, 어린아이 때는 매일 400번 이상을 웃는다. 어린아이의 순수함을 잃어버린 무뚝뚝하고 무표정한 성인이 고객 앞이라고 해서 갑자기 밝은 미소를 지으려니 참 쉽지 않을 것이다. 외식 사업가 백종원 씨도 처음 사업을 시작했을 땐 인상이 좋지 않아서 힘들었다고 했을 정도니까. 그가 인상을 바꾸기 위해 한 것은 단 한 가지, 매일 거울을 보면서 웃는 연습을 하는 것이었다. 이제 전 국민의 식당 멘토가 된 그는 컨설팅하는 식당 주인들에게 늘 거울 보고 웃는 연습을 하라고 조언하고 있다.

처음엔 뒤센 미소가 아니라 팬암 미소라 하더라도 무표정보다는 훨씬 나으니 열심히 웃자. 그러다 보면 뒤센 미소, 진짜 웃음이 당신의 얼굴에 영원히 자리 잡게 될 것이다.

진짜 웃음 훈련에 도움이 되는 몇 가지 팁으로 좋은 생각과 긍정적인 생각을 하도록 노력하고, 잠을 푹 잘 자는 것도 중요하다. 런던 대학교의 연구에 따르면 행복한 음악을 15초 정도만 들어도 즐거운 표정을 지을 수 있다고 하니 음악을 가까이하고, 밝고 탄력 있는 얼굴에서 더 밝은 표정이 나오게 되니 피부 관리에도 신경을 써보기 바란다.

스드메?
헤메코!

좋은 인상을 주는 패션은

당신 자신의 브랜드 이미지를 높여준다.

__ 데쓰시 후쿠시마(작가)

앞에서 살펴본 것처럼 첫인상과 호감을 결정짓는 가장 즉각적이고 가장 강력한 요소가 시각적인 요소, 즉 비주얼이다. 좋은 표현은 아니지만 '비주얼 깡패'라는 말도 있지 않나? 비주얼이 그렇게 중요하다면 비주얼을 향상시킬 방법을 익혀야 한다. 물론 고객들 앞에 설 때 아무런 준비 없이 나가는 사람은 없을 테지만 정확히 배우고 적용하면 여러분의 호감도는 수직 상승할 수 있다. 매출도 덩달아 뛸 것이다.

결혼한 사람들에게는 익숙한 단어일 '스드메'는 '스튜디오, 드레스, 메이크업'의 줄임 말로, 주로 예비 신부들이 쓴다. 방송 현장에선 '헤메코'라고 한다. '헤어, 메이크업, 코디(옷차림)'를 뜻한다.

나처럼 방송 일을 하는 사람이 아니더라도 사회생활을 하는 사람이면 어떤 분야에서 일하든 외모에 어느 정도는 신경을 쓰고 있을 것이다. 예전의 평범한 남성 직장인들은 이 세 가지 중 하나도 신경을 쓰지 않았지만 요즘 MZ세대는 남성들도 그루밍을 하고 있을 정도니까. 하물며 고객을 응대하는 자영업, 소상공인들은 '헤메코'를 절대 소홀히 하면 안 되겠다.

호감 가는 화장과 헤어스타일

비주얼의 요소 중에서도 첫 번째는 물론 얼굴이다. 좌우 대칭이 대체로 정확한 연예인에게는 '컴퓨터 미인'이라는 별명이 붙는데, 그만큼 좌우 대칭이 완벽한 사람은 거의 없다. 그렇다면 서로 다른 오른쪽과 왼쪽 얼굴 중에 더 매력적으로 보이는 얼굴이 따로 있을까? 별 걸 다 실험하는 심리학자들이 다 해봤다. 2012년 켈시 블랙번과 제임스 쉬릴로가 진행한, 오른쪽으로 45도 튼 사진과 왼쪽으로 45도 튼 사진을 보여주는 실험에서 참가자들 대부분이 왼쪽 얼굴이 보이도록 몸을 비틀고 있는 사진이 더 매력적이라 느꼈다고 대답했다.

다 빈치의 그림 〈모나리자〉 역시 몸을 틀어서 왼쪽 얼굴이 더 많이 보인다. 왼쪽 얼굴이 더 매력적이라고 느끼는 이유는 눈치챘겠지만, 좌우로 나뉜 뇌 때문이다. 좌뇌는 언어와 인지적 활동을 담당하고 우뇌는 감정과 신체 활동을 주로 담당하는데, 우뇌가 담당하는 왼쪽 얼굴의 표정이 더 강하고, 따라서 왼쪽 얼굴이 더 매력적으로 보이는 것이라고 한다. 앞으로 프로필 사진을 찍을 때는 왼쪽 얼굴이 많이 보이도록 찍어보자.

그런데 여기서 반전이 있으니 다른 사람과 대면할 때, 상대방이 내 얼굴을 보고 매력을 평가할 때는 반대로 오른쪽 얼굴이 더 중요하다는 것이다. 한림대학교 심리학과 최훈 교수에 따르면, 매력을 평가할 때는 우뇌가 작용하기 때문에 왼쪽 눈으로 들어오는 이미지가 더 중요한데 얼굴을 마주 보고 있으면 상대방의 왼쪽 눈에는 나의 오른쪽 얼굴이 보이기 때문이라고 한다. 조금 복잡하지만, '사진을 찍을 때는 왼쪽 얼굴, 고객과 만날 때는 오른쪽 얼굴'을 기억하라.

한 유명 메이크업 아티스트는 "메이크업은 성형 수술에 버금간다."는 말로 자신의 솜씨를 뽐내기도 했다. 요즘 소위 뷰티 크리에이터들의 화장술 영상을 보고 있자면 정말 화장술은 마술인 듯, 성형 수술을 뛰어넘기도 하는 것 같다. 한때 남성들 사이에 유행하던 "다시 보자 화장발! 속지 말자 조명발!"이란 말이 떠오른다.

빅 데이터로 분석한 결과, 우리나라 여성들은 하루 평균 32분을 화장하는 데 쓰고 있다. 출근길에 처음 화장을 하고 하루 평균 네 번 화장을 고친다. 오전 10시에 한 번, 점심 먹고 오후 1시에, 퇴근 준비하면서 오후 4시에. 그런데 밤 10시에도 '셀카'를 찍기 위해서 화장을 고칠 정도로 화장에 진심이라니! 내가 화장에 대해 이야기하는 것이 무색하지만 전문가들이 말하는 메이크업의 기본 몇 가지만 공유해 본다.

여러 연구를 통해 인종 불문하고 특히 여성은 흰 피부, 정확하게는 얼굴색이 밝을 때 더 매력적으로 지각된다고 하니 피부 관리부터 신경을 써야 한다. 얼굴색을 밝고 맑게 만드는 데는 각질 관리가 필수이다. 여성의 경우 눈이 클수록 매력도도 높아진다는 연구도 있다. 특히 코로나 19로 누구나 마스크를 쓰고 있기 때문에 눈화장의 중요성이 더 높아지고 있는데 고객을 응대하는 사람은 너무 튀거나 부담스럽지 않은 정도로 타협이 필요하겠다.

눈썹이 진하면 기본적으로 얼굴의 대비 정도가 높아진다. 얼굴의 대비 정도가 높아진다는 것은 피부색과 눈 주변의 밝기가 많이 차이 난다는 뜻이다. 이렇게 대비가 높은 얼굴은 더 매력적으로 지각된다. 그래서 기본적인 화장법은 피부는 밝게, 눈썹은 진하게 만들어 대비의 수준을 높이는 것이다. 또 눈썹을 좌우대칭으로 그리면 얼굴의 대칭성이 높아진다. 대칭적인 얼굴일수록 더 매력적으로 느껴진다.

일반적으로 하이라이팅과 셰이딩을 통해 밝고 어두운 부분을 강조하면 대비가 증가해 더 여성스럽고 매력적이게 된다. 다만 과하게 되면 연극 분장처럼 보이기 때문에 은은하게 은근하게 표현하는 연습이 필요하다. 남성들도 피부 관리를 위한 각질 제거와 비비 크림 정도는 반드시 챙기자.

한 메이크업 아티스트는 "사회적으로 성공한 여성들은 공통적으로 메이크업할 때 '일부러 꾸미지 않은 것 같은 우아하면서 깨끗한 모습'을 원한다."라고 말했다. 메이크업에서 '자신감과 겸손함의 균형'을 추구한다는 말이다. "성공하는 사람은 언제 어디서나 성공한 사람처럼 행동한다"는 말이 있듯 여러분도 그들처럼 메이크업해야 하지 않을까?

메이크업만큼이나, 아니 내 관점에서는 메이크업보다 더 중요한 것이 헤어스타일이다. 메이크업은 하고 안 하고의 차이는 크지만 일단 했을 때는 큰 차이가 나지 않는다. 반면 헤어스타일은 변화의 가짓수도 무궁무진하고 스타일별 이미지 차이가 너무나 크기 때문이다. 남자의 경우 헤어스타일이 이미지에 미치는 영향이 70% 이상이라는 주장도 있을 정도다.

사람들은 둥근 얼굴, 달걀형 얼굴, 갸름하고 긴 얼굴, 사각형 얼굴 등 너무나 다양한 얼굴형을 가지고 있다. 몇몇 연예인을 제외하고 자신의 얼굴에 100% 만족하는 사람은 거의 없을 것이다. 거울을 볼 때마다 자기 얼굴의 단점이 보이고 어떻게든 보완하고 싶을 것이다. 이때 헤어스타일의 매직이 시작된다. 헤어스타일은 얼굴의 단점을 커버하고 장점을 극대화하며 훨씬 젊어 보이게도, 훨씬 전문성 있어 보이게도 만들어주기 때문이다.

헤어스타일에 변화를 줄 수 있는 요소는 여러 가지가 있다. 가장 먼저 머리카락의 길이로 긴 생머리부터 쇼트커트나 단발 등. 그다음은 머리의 색상으로 자연적인 머리색인 검은색이나 갈색 외에 염색으로 바꿀 수 있는 색은 정말 다양하다. 또 컬이나 웨이브와 같이 모양과 질감에 변화를 주는 요소도 있다. 그리고 또 한 가지는 볼륨이다. 볼륨에 따라 얼굴의 크기와 모양이 완전히 달라진다.

특히 색과 볼륨에 집중하여 변화를 주어보자. "어떤 스타일이 정답이다!" 그런 것은 없다. 얼굴형, 피부색, 이목구비, 인상 등에 따라 가장 아름답고, 가장 건강하고, 가장 믿음직스럽게 보일 수 있는 자신만의 스타

헤어 볼륨에 따른 모습의 변화

일을 찾아야 한다. 방법은 해보는 수밖에 없다. 미용실에 갈 때마다 담당 디자이너와 상의하면서 조금씩 다른 스타일을 시도해 보고 자신을 가장 아름답고 신뢰감 있게 만들어주는 그 스타일을 찾도록 하라. 다시 한번 강조하지만, 헤어스타일은 정말 정말 정말 중요하다!

신뢰감 가는 옷차림

'옷이 날개'라는 말이 있지만 정말 옷차림에 따라 사람의 느낌과 인상은 너무나 크게 달라진다. 앞에서 표정에 대해서도 이야기를 했지만, 옷차림 역시 내가 입어서 편한 스타일, 내가 선호하는 스타일이 아니라 상대방에게 보여주고 싶은 방향으로, 상대방에게 믿음을 줄 수 있는 스타일을 선택해야 한다. 1,000번이 넘는 세미나를 통해 100만 명이 넘는 세일즈맨들을 교육해 온 브라이언 트레이시는 옷 잘 입는 세일즈맨이 항상 그 분야에서 최고 소득을 올리고 있다고 단언한다. 또 옷을 잘 차려입은 세일즈맨은 자신감 넘치는 태도를 보인다며 옷차림은 판매에서

옷차림과 헤어스타일에 따른 모습의 변화

가장 강력한 암시적 요소 중에 하나라고 했다.

당신은 위 사진의 3가지 스타일 중 누구의 말에 가장 신뢰를 느끼겠는가? 일반적인 시각에서 보면 3번째 스타일이 가장 무난해 보이지만 이 사진을 본 어느 쇼호스트가 "라이브 방송에선 두 번째가 먹힐걸?" 하던데, 그럴 수도 있을 것 같긴 하다. 매체와 대상에 따라 신뢰를 주는 스타일도 달라질 수 있다는 이야기지만 사람의 무의식에서는 예의 있게 잘 차려입은 모습을 가장 신뢰한다는 것은 다음 실험의 예를 보면 알 수 있다.

옷차림이 사람들의 무의식 속 신뢰감에 얼마나 영향을 미치는지에 대한 프리드Freed, 챈들러Chandler, 모턴Mouton, 블레이크Blake의 '무단 횡단 실험'이다. 잘 차려입은 사람이 빨간불을 무시하고 횡단보도를 건너자 기다리고 있던 사람들 중 14%가 따라서 무단 횡단을 했는데, 다음 날 같은 사람이 아무렇게나 입고 무단 횡단을 하니까 단 4%만이 따라서 건넜다. 앞에서 본 첫인상 실험의 결론도 기억할 것이다(39쪽 참고).

내용에 따른 의상 콘셉트의 중요성

TV 화면에 나오는 쇼호스트와 방송인들은 방송을 할 때마다 상품의 특성과 방송 시간대, 대상 시청자층 등의 요소를 분석해 스타일리스트가 최적의 의상을 준비해 주기 때문에 고민할 필요가 없다. 나 역시 개인적으로 의상의 분위기에 맞는 안경 정도만 준비한다.

그러면 고객을 상대해야 하는 여러분은 어떤 옷차림을 해야 할까? 언제나 격식을 갖춘 정장, 적어도 비즈니스 캐주얼을 입어야 한다는 의견이 있는가 하면, 회사 유니폼(회사 로고가 새겨진)이나 가운(의사나 연구원 같은)이 낫다는 의견도 있다. 제복을 입은 사람에게는 권위를 느껴 쉽게 설득당한다는 연구 결과도 있으니까. 그리고 상대방과 공통점을 드러내 동질감을 느낄 수 있도록 하는 복장도 고려해 볼 만하다. 함께 스포츠를 즐기는 등의 상황에서는 그것이 최상일 수 있겠다.

어떤 옷차림을 하더라도 언제나 깨끗하고 정갈해야 한다는 것은 말할 나위도 없다. 몸에 잘 맞아야 하고 늘 다림질이 되어 있어야 한다. 후줄근하거나 주름이 많이 가거나 지저분한 옷을 입고 고객을 맞으면 신뢰감을 훼손시킬 수 있기 때문이다. 회사 유니폼이나 매장 유니폼을 입는 경우에도 언제나 깨끗하게 세탁하고 빳빳하게 다려 입어야 한다. 대한민국 최고의 셰프 구본길 대가, 레이먼 킴 셰프와 친분이 있는데 언제나 조리복에 얼룩 하나 허락하지 않을 정도로 깨끗하고, 빳빳하게 다려 입는 모습에 최고의 자리에 오른 분들의 마음가짐을 엿볼 수 있어 깊은 인상을 받았다. 차를 타고 다니면서 영업을 하는 사람이라면 셔츠가 땀에 젖거나 심하게 구겨질 수도 있으니 예비 셔츠를 차에 가지고 다니기를 권한다.

전 세계에 슈트 열풍을 불러일으켰던 영화 〈킹스맨: 시크릿 서비스〉에서 전설적 베테랑 요원 해리 하트(콜린 퍼스 분)는 "슈트는 신사의 갑옷이다."라고 했다. 그렇다면 슈트를 어떻게 입어야 할까?

단 한 벌의 슈트만 허락된다면 진한 회색, 즉 차콜 그레이에 순모 소재의 슈트다. 진회색은 상대방에게 편안함과 신뢰감을 준다. 두 번째 슈트가 허락된다면 네이비에 순모 소재. 화려한 자리에서나 클래식한 자리에서나 무리 없이 응용할 수 있는 매력에, 단정하고 분명해 보인다. 스트라이프나 체크무늬 슈트와 실크가 들어 있는 광택 있는 원단은 무조건 피하라. 이것이 남성 슈트의 기본이다. 더블과 싱글 여밈은 유럽에서는 개인의 취향 문제이지만 우리나라에서는 더블보다는 싱글이 보편적이다.

드레스 셔츠는 첫 번째는 화이트, 두 번째는 스카이 블루, 사계절 구분 없이 긴소매를 입는 것이 원칙이고, 셔츠 안에 러닝셔츠는 입지 않는다. 재킷 소매 밖으로 셔츠 소매가 1.5cm 정도 나오면 완벽하다.

양말은 바지와 같은 색상이거나 바지보다 어두운 색상으로 하고, 벨트와 구두와 시계줄 같은 가죽 아이템의 색상은 가급적 통일하자. 재킷 주머니에 꽂는 행커치프, 타이 대신 스카프, 부토니에 같은 액세서리는 패션업 등 종사하는 업종에 따라서 첨삭하시길. 개인적으로는 고객 응대용 옷차림에서는 액세서리를 최소한으로 하는 것을 추천한다.

여성에게는 모던하고 미니멀한 정장 스타일이 기본이다. 조금 더 가벼운 캐주얼 정장도 좋다. 어떤 스타일이건 심플하면서 단정한 이미지가 신뢰감을 줄 수 있다. 몸매가 너무 드러나거나 가슴이 깊게 파인 옷, 스커트의 트임이 지나치는 등 너무 야한 의상은 당연히 피해야 한다.

보석이나 액세서리는 너무 화려하지 않게 적당히, 큰 스카프나 모자도 피하는 것이 좋겠다. 약간 모자란 것보다 투 머치가 더 보기 싫은 법이다. 옷에 돈을 쏟아부은 느낌을 주거나, 지나치게 멋 부린 티가 나는 것은 세일즈에 전혀 도움이 되지 않는다는 사실을 기억하라.

적절한 옷차림이 주는 또 하나의 무시하지 못할 이점은 마음가짐이 달라진다는 것이다. 전쟁에 나가는 장수가 갑옷을 입는 것처럼 TPO time(시간), place(장소), occasion(상황)에 적합한 옷을 입으면 정신적·신체적으로 준비된 느낌이 생겨 자신감이 상승한다. 스스로 유능하고 탁월하다는 느낌이 생기는 것이다. 그 마음가짐에 어울리게 자세와 행동도 달라진다.

지금 당장 옷을 사러 가라는 이야기를 하는 것이 아니다. 여러분의 옷장에 있는 옷들을 꺼내서 입어보라. 일단은 지금 내 몸에 꼭 맞게 수선을 하자. 그리고 세탁을 하고 말끔하게 다림질까지 끝내면 출정 준비가 끝났다.

노파심에 한마디만 더 하자면 드물지만 좋지 않은 냄새가 나는 사람도 있다. 대개는 땀이 많은데 목욕을 자주 하지 않거나 오래도록 세탁하지 않은 옷을 입어서 나는 경우다. 대인 관계에서 냄새는 치명적이다. 목욕과 세탁에 더 신경 쓰고, 빨래를 헹굴 때 섬유 린스를 첨가하면 도움이 된다. 지나친 향수 사용도 지양하길. 그리고 입냄새도.

나의
색깔은?

상대방을 평가할 때 비언어적 행동을 보고 판단을 내린다.

일상생활에서 벌어지는 커뮤니케이션의 대부분은

비언어적 행동에 기반하고 있기 때문이다.

___ 메라비언의 법칙 중

당신이 입고 있는 옷의 색깔에 따라서 나이보다 더 어리게 보일 수도 있고, 더 늙어 보일 수도 있다는 사실을 아는가? 활기차 보일 수도 있고, 아파 보일 수도 있다는 사실을 아는가? 이는 다른 사람의 눈에 비친 우리의 이미지에서 색이 차지하는 비중이 절대적이라는 뜻이다. 그만큼 차이도 크다.

먼저 액면으로 보이는 나이 차이가 엄청날 수 있다. 같은 사람인데 옷 색깔에 따라 대충 열 살까지 차이 나게 보일 수도 있다. 한 살이라도 어려 보이려고 우리는 얼마나 눈물겨운 노력을 하는가? 날마다 열 가지나 되는 화장품을 바르고 적지 않은 돈을 들여서 피부 관리를 하고 심지어는 수술대에 눕기까지 하지 않는가? 그런데 옷 색깔을 바꾸는 것만으로

자신만의 색채를 찾아가는 컬러 진단: 퍼스널 컬러

열 살까지 젊어 보일 수 있다면 진짜 대박이다. 거기에다 색은 건강 상태와 기분까지 달라 보이게 만든다. 그렇다면 우리는 어떤 색의 옷을 입어야 할까? 어떤 색으로 머리를 염색하고, 어떤 색으로 화장을 해야 할까?

세상에는 거의 무한대의 색이 존재한다. 그중에서 일단은 자신에게 가장 잘 맞는 색을 찾아야 한다. 나를 가장 예쁘고 아름답게 만들어주는 색, 나를 가장 젊어 보이게 만들어주는 색, 나를 가장 활력 넘쳐 보이도록 해주는 색이 어떤 색인지를 알아야 그 색의 틀 안에서 자신을 가꿀 수가 있는 것이다. 사람마다 그 색이 다르기 때문에 그 색을 찾아주는 기법이 탄생하게 되었고, 전문가들도 생겨났다. 그것이 바로 '컬러 진단'이다.

'컬러 진단'은 수많은 색을 봄, 여름, 가을, 겨울 네 계절로 분류하고 각 계절의 색 중에서도 가장 어울리는 컬러를 찾아주는 솔루션이다.

1. 봄 웜톤(Warm Image)

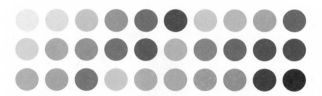

이미지_볼살이 있으며, 둥근형의 얼굴 모양, 귀엽고 밝은 느낌.
피부색_맑은 노란색을 띠며 매끄럽고 투명하다.
눈동자 색_푸른색 또는 녹색으로 눈동자가 맑다.
두피 색_누르스름한 베이지색.
머리카락 색_윤기가 감도는 다갈색.
Best Color_모든 색에 노란빛이 감돌며 명도는 높고 채도는 낮은 밝고 생기 있는 톤.

2. 여름 쿨톤(Elegance Image)

이미지_부드러움과 이지적인 느낌.
피부색_흰색과 붉은색이 감돈다.
눈동자 색_푸른빛이 감도는 연한 갈색, 눈빛이 부드러운 느낌.
두피 색_노르스름하면서 붉고 흰색이 감도는 느낌.
머리카락 색_회색이 감도는 부드러운 검은색, 윤기가 없고 가늘다.
Best Color_모든 색에 흰색과 파란색이 들어간 느낌.

3. 가을 웜톤(Natural Image)

이미지_침착하고 어른스러운 분위기가 난다.
피부색_탁하고 노랑 기를 띠며 윤기가 없다.
눈동자 색_황갈색 또는 어두운 갈색, 눈빛이 약하다.
두피 색_탁한 갈색빛이 감돈다.
머리카락 색_황색과 암갈색, 푸석푸석한 느낌이 난다.
Best Color_모든 색에 노랑과 검정이 섞인 탁한 톤.

4. 겨울 쿨톤(Cool Image)

이미지_강렬한 도시적인 분위기가 난다.
피부색_윤기 있는 노르스름한 피부, 푸른빛이 감도는 느낌.
눈동자 색_선명한 검정색, 푸른 빛이 감도는 느낌.
두피 색_푸른빛이 감도는 암갈색.
머리카락 색_윤기가 나며 푸른 암갈색의 느낌.
Best Color_모든 색에 푸른빛이 감돌며 명도는 낮고 채도는 높은 톤.

나의 퍼스널 컬러는 '밝은 여름light summer'이다. 밝은 파스텔 톤 계열의 색상이 가장 잘 어울리는데, 그중에서도 특히 밝은 하늘색과 밝은 분홍색이 최고다. 반면에 가을의 색을 입으면 평소보다 훨씬 나이 들어 보이고, 기운 없어 보이고, 피곤해 보인다. 실제로 밝은 여름의 색을 입고 나가면 "좋은 일 있어?", "잠 푹 잤나 봐.", "오늘 젊어 보이는데?"라는 말을 듣지만, 가을의 색을 입고 가면 "무슨 안 좋은 일 있어?", "밤 샜지?"라는 말을 듣곤 한다.

나의 퍼스널 컬러는 '밝은 여름'. 자신만의 컬러를 찾자.

'컬러 진단' 한 번으로 나를 더 예뻐 보이고, 더 젊어 보이고, 더 활기차 보이게 하는 평생 가는 고급 정보를 얻을 수 있으니 방송을 하려는 사람들과 자신에게 제일 잘 어울리는 색상을 찾고 싶은 사람은 이 테스트를 받아보기를 권한다. 비용은 조금 들지만 몇 십 배의 가치가 있을 것이다.

전문적인 컬러 진단을 받기 힘들다면 평소 주변 사람들이 하는 이야기에 귀를 기울여보자. "예뻐 보인다.", "기분 좋은 일 있어?", "잠 푹 잤나 보네?", "컨디션 좋아 보여." 이런 이야기를 듣는 날에 입은 옷의 컬러가 당신의 컬러이다. 여기서 한 번 더 강조하지만 당신의 컬러는 자신이 좋아하는 컬러가 아닐 수도 있다. 나의 기준은 무조건 고객이다.

몸으로
말해요

내가 쇼호스트인 까닭에 우리 가족, 친척들은 모두 홈쇼핑 모니터링 요원이 되었다. 그만큼 많이 보고 많이 이야기해 준다는 의미다. 특히 조카에 대한 사랑이 넘치는 우리 고모는 조카 말고 다른 쇼호스트들에게는 모두까기를 하신다. 한번은 명절에 친지들이 고모 댁에 모여서 시끌벅적하게 놀고 있는데 홈쇼핑 방송을 켜시더니 "쟈는 진심 아이다! 저 자세 봐라!" 하고 타박하신다. 자세만 보고 쇼호스트의 속마음을 들여다보는 우리 고모의 관심법(觀心法)! 과연 고모뿐이겠는가?

메라비언의 법칙에서도 살펴봤지만 사람들은 상대방을 평가할 때 비언어적 행동을 보고 판단을 내린다. 일상생활에서 벌어지는 커뮤니케이션의 대부분은 비언어적 행동에 기반하고 있기 때문이다. 나의 행동에 따라 상대방은 반응하게 되고, 다른 사람의 행동에 따라 나도 반응하는 것이다. 이 모든 과정은 무의식적으로 일어난다. 그래서 더 중요하다. 작은 보디랭귀지 하나로 당신의 호감도나 비호감도가 오르내릴 수 있기 때문이다. 거기에다 말과 보디랭귀지가 합세하면 커뮤니케이션의 효과는 극대화된다. 보디랭귀지를 배제하고는 커뮤니케이션이 결코 성공적으로 이루어질 수 없다. 당신이 의식적으로 보디랭귀지를 사용하든 아니든 그것의 효과는 막대하다. 2,300년 전 맹자(孟子)도 "몸을 통하지 않고서는 나를 드러낼 수 없으며, 상대방의 마음도 이해할 수 없다."라고 하지 않았던가.

그렇다면 보디랭귀지를 거짓으로 꾸밀 수 있을까? 보디랭귀지 전문가 앨런 피즈는 "No!"라고 단언한다. 007처럼 고도의 특수 훈련을 받은 스파이 또는 커뮤니케이션 전문가가 아닌 이상 보통 사람들은 어렵다는 이야기다. 하지만 어느 정도 공부하고 연습하면 다른 사람의 보디랭귀지를 읽을 수 있고, 다른 사람에게 전하고 싶은 메시지를 몸으로 전달할 수도 있다. 고객을 만나 세일즈를 하는 우리에게는 전공 필수 과목과 같다. 보디랭귀지를 읽는 사람은 1년에 3,000만 원 더 벌고, 삶의 만족도는 42% 더 상승하며, 공감 능력은 10% 더 올라간다는 연구 결과도 있으니 열심히 공부해 보자.

보디랭귀지는 다음 쪽 그림과 같은 요소들을 아울러 말하는 것인데 표정은 앞에서 다루었고, 시선과 신체 접촉은 뒤에서 살펴보려 한다. 여기서는 자세와 몸짓에 대해 알아보자.

보디랭귀지의 요소

어릴 때 학교나 군대에서 참 많이 들었던 '자세 불량'. 생각해 보면 불량한 자세는 선생님이나 고참의 눈에만 보이는 것은 아니었을 것이다. 누가 봐도 보기 좋은 자세는 아니니까. 자세에서 느끼는 호감과 비호감도 보편적이라는 것이다. 내가 꼴 보기 싫은 자세는 안 해야 한다.

자세는 사람의 심리를 표현한다

다리를 꼬거나 떨지 말고, 절대로 짝다리 짚지 말라. 팔짱을 끼거나 뒷짐 지지 말고, 주머니에 손 넣지 말라. 앉을 때는 삐딱하게 앉지 말고, 의자 등받이에 너무 편하게 기대지 말고, 턱을 괴어서도 안 된다.

특히 고객이 없을 때 다리를 떨거나 꼬고 앉아서 스마트폰 게임이나 하고 있는 모습은 정말 꼴불견이다. 널브러져 있거나 하품을 하면서 세

피해야 하는 자세(짝다리 짚기, 주머니에 손 넣기)

기본자세(왼쪽), 공손한 자세(오른쪽)

진실함을 표현하는 자세(왼쪽), 간절함을 표현하는 자세(오른쪽)

상 귀찮고 피곤하다는 표정을 짓고 있으면 들어오던 고객도 돌아 나간다. 언제나 누군가 지켜보고 있다는 생각으로 바른 자세를 취해야 한다. 그게 기분 나쁘다면 세일즈 안 하면 된다. 사장이거나 직원이거나 아르바이트생이거나 다르지 않다.

호감도를 알아볼 수 있는 '배꼽의 법칙'

배꼽의 법칙the belly button rule을 설명하는 사진 한 장. 가운데 여성은 두 남성 중에서 어느 쪽에 더 관심과 호감이 있을까? 여성은 왼쪽 남성을 바라보고 있지만, 여성의 배꼽은 오른쪽 남성에게 향해 있어 여성은 오른쪽 남성에게 관심과 호감을 느끼고 있다는 것을 보여준다. 사람은 본능적이고 무의식적으로 좋아하는 상대에게 배꼽이 향한다고 한다.

배꼽은 '몸통의 뇌'라고 불릴 정도로 보디랭귀지에서 핵심 역할을 하는데, 앨버트 메라비언 교수도 배꼽의 방향이 한 사람의 의도를 읽어내는 가장 중요한 요소라고 강조했다. 세일즈에서도 반드시 알아야 하는 원칙이다. 관심이 가는 사람이나 고객에게는 반드시 배꼽 방향을 고정하라. 고객은 무의식중에 당신이 자신에게 관심과 애정을 기울이고 있다고 느끼고 당신에 대해 호감을 갖기 시작할 것이다. 방향과 함께 거리도 중요하다. 방향을 고정했어도 멀어지면 관심 밖으로 나가게 된다. 처음엔 사회적 거리(120~360cm) 이내를 유지하다가 기회를 봐서 사적인 거리(47~120cm) 안으로 들어가야 한다. 고객의 배꼽이 나를 향하지 않았다면 내 배꼽을 고정하고 기다리거나 고객의 관심을 돌리기 위한 조치를 취해야 한다.

"'에너지 발산'이라는 말이 있습니다. 에너지를 앞으로 내뿜는다는 뜻이지요. 이를 위한 두세 가지 방법이 있습니다. 몸을 앞으로 기울이는 것으로, 상대방의 이야기를 들을 때 몸을 앞으로 기울이면 당신의 에너지를 앞으로 발산하고 매력적으로 보이게 됩니다. 만일 서 있다면 발쪽으로 몸을 기울이세요. 그렇게 함으로써 에너지를 앞으로 발산할 수 있습니다." 브라이언 트레이시가 말하는 '에너지 발산'을 '배꼽의 법칙'과 함께 사용해도 좋다.

대화를 나눌 때는 고개를 자주 끄덕이기만 해도 상대방은 마음이 편해지고 대화에 적극 참여하게 된다. 자신의 말을 경청하고 있고 공감한다는 신호이기 때문에 당신의 호감도를 높일 수 있다.

다음은 손이다. 손은 오직 인간에게만 있다. 동물은 네 개가 다 발이니까. 한 손에만 27개의 뼈가 연결돼 있어 유연하게 움직이며 수많은

신뢰감을 주는 제스처　　　　강압적인 제스처　　　설득력을 높여주는 제스처

동작을 만들어내기 때문에 보디랭귀지에서 정말 다양한 의미로 사용된다. 손동작 중에서 가장 중요한 것은 손바닥의 방향이다. 손바닥을 위로 펼치거나 손바닥을 보여주는 제스처는 오래전 선사 시대부터 다른 사람을 만나면 손바닥을 보여줌으로써 무기가 없다는 것을 확인시키는 행동에서 이어진 것으로, '나는 숨기는 것이 아무것도 없다.', '나는 당신을 섬길 준비가 되어 있다.'는 의미를 가지고 있다. 상대방은 쉽게 믿음을 가지고 마음을 연다. 현대의 대통령이나 정치인들이 대중 연설을 하면서 이런 제스처를 자주 취하는 이유이다.

손바닥을 아래로 향하는 제스처는 강압적이고 위협적인 느낌을 준다. '너희들은 다 내 아래에 있다.', '까불지 마라.'는 의미다. 히틀러가 이런 제스처를 선택한 이유이다.

손가락으로 가리키는 동작(손가락질)은 웬만하면 하지 마라. 어디를 가리키건 어떤 경우에도 부정적인 느낌을 준다. 대신 엄지와 검지를 붙여서 동그라미 비슷하게 만드는 일명 '손가락 첨탑' 동작을 권한다. 말을 할 때 이렇게 손 모양을 만들면 긍정적인 느낌을 주고 설득력을 높여주기 때문에 오바마를 비롯한 정치인들이나 기업가들이 애용하는 제스처이다. '생각이 깊다.', '목표의식이 확실하다.'는 인상을 줄 수 있다.

거울 훈련법을 이용하자

사람들 앞에서 자신도 모르게 긴장해 특정한 버릇이 나오는 사람이나 몸의 자세가 잘못되어 굳어진 사람에게는 내가 고안한 '거울 훈련법'을 추천한다. TV 화면에는 모든 것이 증폭되어 눈에 띄기 때문에 출연자의 단점이 도드라진다. 나 역시 방송 일을 시작했을 때부터 자세를 똑바르게 교정하고 나쁜 버릇을 고치기 위해 훈련했고, 많은 도움을 받았다.

일단 거울에 자를 대고 그림처럼 정확하게 4개의 직선을 그린다. 몸의 중심을 지나는 수직선, 눈을 가로지르는 수평선, 턱을 지나는 수평선과 가슴을 지나는 수평선이 올바른 자세의 가이드라인이 된다. 이제 이 거울을 보면서 몸이 움직이지 않도록 하고 말을 해보자. 자기소개나 가게 소개, 고객 응대 멘트를 해도 좋다. 이때 수직선이 눈썹의 중앙, 콧날, 인중, 턱의 중앙, 목을 정확히 지나도록 하고 양쪽 귀의 크기가 같아야 한다.

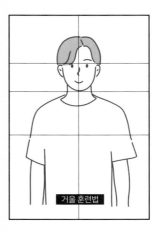

거울 훈련법

처음에는 정말 정말 정말 힘들 것이다. 나도 모르게 고개가 돌아가고, 몸이 좌우로 흔들리고, 무의식적인 손동작을 계속할 것이다. 평소에 우리가 대화를 할 때 무의식적으로 사용하던 손동작을 비롯해 몸에 배어 있던 안 좋은 습관이 나오는 것이다. 전략적으로 보디랭귀지를 사용할 수 있는 단계까지 가려면 먼저 몸에 배어 있는 안 좋은 습관부터 버려야 한다. 의도적인 것이 아니라면 손동작도 삼가도록 훈련해야 한다. 그런 다음 내 의도대로 몸과 손을 사용하는 훈련을 하면 되는 것이다.

거울 훈련법은 라이브 커머스나 홈쇼핑 방송을 하려는 사람에게는 필수이며, 방송과는 상관없는 사람들도 바른 자세와 바른 보디랭귀지를 익히는 좋은 방법이 될 것이다. 보디랭귀지는 몸을 쓰는 것이기 때문에 자전거나 스키, 댄스를 배우는 것과 비슷하다. 이런 것들을 배울 때 꼭 필요한 두 가지는 정확한 가르침과 수많은 연습이다. 특히 수많은 연습!

일단 눈을 맞추고 진짜 웃음으로 맞이하자. 배꼽(몸통)은 고객을 향하고 고개는 끄덕끄덕, 손바닥을 자주 보여주는 것이 기본이다.

여기서 잠깐!

매직 터치

'사랑의 호르몬'이라 불리는 옥시토신은 우리가 사회생활을 하는 데에도 의외로 많은 역할을 한다. 다른 사람을 만나면 의례히 나누는 악수만 해도 옥시토신이 개입해 상대방을 평가하는 절차라 할 수 있다. 미국 아이오와 대학교 연구팀에서 실험한 결과, 구직자들 중에서 악수를 잘하는 지원자들이 채용 가능 점수, 외향성, 전반적인 사회 기술에서도 더 높은 평가를 받은 것으로 나타났다. 악수에 힘이 실리지 않았던 지원자들은 채용 가능성이 더 낮고 성격도 더 내성적이라는 평가를 받았다. 신경과학자이자 옥시토신 전문가인 폴 잭은 "손으로 만지는 행위가 뇌에서 옥시토신이 분비되게 하여 상대방이 믿을 만한지 아닌지를 무의식적으로 평가한다. 또한 뇌의 보상 센터에서 도파민도 분비되어 우리가 믿는 사람을 즐거움과 연관시킨다."라고 했다. 이성 간이 아니어도 사랑의 호르몬 옥시토신을 통해 신체 접촉이 유대감, 친밀감, 신뢰감을 형성하는 데 중요한 도구로 쓰인다는 것이 밝혀진 것이다. 그렇다면 신체 접촉은 악수뿐일까? 포옹이나 볼 키스가 생활화된 서구와 달리 우리나라에서 터치가 가능한 거의 유일한 신체 부위는 팔이다. 팔은 신체의 은밀한 부위나 소중한 부위와 멀리 떨어져 있어 일종의 '공공장소' 같은 곳으로 간주되기 때문이다.

프랑스 심리학자 니콜라스 게겐은 실험을 통해 식당의 종업원이 손님들의 팔이나 어깨를 살짝 건드리면 식사 후 더 많은 팁을 받는다는 사실을 확인했다. 나이트클럽에서 여성들은 팔 윗부분이 1~2초 정도 살짝 닿은 남성이 춤추자고 권하면 함께 춤출 확률이 더 높았다. 나이트클럽이 아닌 상황에서도 남자가 여자에게 전화번호를 물었더니 같은 결과가 나왔다.

프랭크 윌리스의 실험에서는 낯선 사람에게 진정서에 서명을 해달라고 부탁했더니 55%가 서명했는데, 팔 위쪽을 한 번 건드리면서 부탁했더니 비율이 81%까지 상승했다. 또한 오른손으로 악수를 하면서 왼손으로 상대의 팔꿈치를 만지면 원하는 것을 얻어낼 확률이 3배까지 높아진다는 실험 결과도 있다.

중고차 매장에서도 세일즈맨이 모두 남성일지라도 고객을 가볍게 터치하면 고객들은 그렇게 하지 않은 세일즈맨보다 훨씬 더 긍정적으로 평가를 내린다고 한다. 일전에 어느 보험사의 보험왕을 인터뷰할 기회가 있었는데 그 역시 은근슬쩍 티 안 나게 고객의 팔 위쪽을 터치한다고 했다. 팔은 성별과 나이에 상관없이 친밀감을 표하기 위한 터치가 가능한 유일한 곳이며, 이런 작고 짧은 스킨십은 말도 안 되게 효과적이다. 그야말로 '매직 터치Magic Touch'이다.

단, 신체 접촉은 상대방과의 관계와 행동에 따라 효과적이기도 하지만 불쾌감을 느끼게 할 수도 있으니 지혜롭게 구사해야 한다.

내 눈을 바라봐,
넌 행복해지고

사람의 눈은 사람의 혀만큼이나

많은 말을 한다.

__ 랄프 왈도 에머슨(시인, 사상가)

'왜 인간의 눈에만 흰자위가 있나'라는 제목의 기사를 본 적이 있다. 흰자위가 있는 동물도 간혹 있지만 유독 인간의 눈에 있는 흰자위가 크고 뚜렷한 진화론적인 이유는 동료와 의사소통을 하는데 눈동자의 움직임이 큰 역할을 했기 때문이라는 것이다. 실제로 눈은 강력한 보디랭귀지 도구이다. 또 요즘 같은 코로나19 시국에서는 거의 모든 시간 마스크를 쓰고 있어야 하기 때문에 눈의 역할이 더 커졌을지도 모르겠다.

다른 사람과, 특히 고객과 대화를 할 때에는 눈 맞춤이 필수이다. "눈은 영혼을 비추는 거울이다."라는 다 빈치의 말처럼 눈은 생각과 감정을 드러내기 때문에 나의 진정성을 전달하는 가장 좋은 도구이다. 눈을 맞추며 대화를 하면 '나는 당신이 좋습니다.', '나는 당신에게 관심이 있습니다.' 하는 신호를 보내는 것으로, 이것이 상대방의 마음을 기쁘게 만들어 나에게 호감을 가지게 하는 것이다.

반대로 숨기는 것이 있거나 거짓말을 하는 사람은 상대방과 눈을 맞추기 힘들어 하고, 대화 시간의 30% 이상 상대방을 쳐다보지 않는 사람에게는 믿음을 갖지 못한다는 실험 결과도 있다. 홈쇼핑 방송을 보다 보면 쇼호스트가 카메라를 보지 않고 엉뚱한 방향을 보면서 이야기를 할 때가 많다. 모니터라는 큰 TV가 있는데 거기 비치는 자기 얼굴을 보고 얘기하고 있는 것이다. 그러면 안 된다. TV를 볼 때 출연자가 카메라를 응시하고 이야기를 하면 시청자는 무의식중에 '저 사람이 내 눈을 바라보고 나한테만 이야기를 하는구나.' 하고 느끼기 때문에 TV를 통해서도 눈 맞춤이 중요한 것이다.

심리학에는 RMET^{Reading the Mind in the Eyes Test}라는, 얼굴 중 눈 주변 부위만 보여주고 표정을 맞히게 하는 검사도 있다.

고객에게 집중하고 호감을 전하는 도구로써의 눈 맞춤은 반대로 고객의 무의식적인 메시지를 읽는 도구로써도 유용하다. 마음에 드는 자극이 왔을 때 동공은 최대 네 배까지 커진다. 상대방이 충분히 알아챌 만한 변화이다. 주로 마음에 드는 이성을 보았을 때 동공이 커지는데 마음에 드는 상품을 보았을 때도 마찬가지다. 주의 깊은 판매자라면 놓치지 않을 것이다.

사람은 보통 1분에 6~8번 눈을 깜박이는데 심리적 압박을 받거나 지루하거나 관심이 없어지면 깜박임이 빨라진다. 약간 거만하게 구는 습관이 있는 사람은 여기에 고개를 뒤로 젖혀 상대를 내려다보는 듯한 제스처를 취하기도 한다. 이리저리 눈을 굴리는 것은 탈출구를 찾고 있는 것으로 불안하다는 뜻이다.

그런데 다른 사람과 눈 맞추는 것을 어색해하는 사람이 의외로 많다. 눈 맞춤이 곧 싸움을 의미하는 동물적인 본능에서 원인을 찾기도 하는데, 특히 우리나라는 "뭘 봐?" "눈 깔아!"와 같이 전근대적인 갑질 문화가 남아 있어 그럴지도 모르겠다. 일단 대화 중에 눈을 맞추는 것은 빤히 쳐다보는 것과는 다르다. 말하는 데 능숙한 사람은 대화의 45~60% 시간 동안 듣는 사람을 쳐다본다. 듣는 사람은 70~80% 말하는 사람을 쳐다본다. 함께 쳐다보는 시간은 31% 정도이다. 일반적인 대화에서 눈 맞춤은 이어졌다 끊어졌다를 반복하는 것이다. 커뮤니케이션 전문가인 나도 계속해서 상대방을 보는 것은 어색하다.

상대방을 바라볼 때에는 얼굴의 정면이 상대방을 향하는 것이 좋다. 얼굴을 한쪽으로 돌리면 눈은 째려보는 인상이 된다. 앞에서 고객의 왼쪽 눈에 비치는 오른쪽 얼굴이 매력적이라고 했는데 느낌적인 느낌 정도로만 이해하자.

눈을 치켜뜨거나 고개를 든 채 눈을 아래로 향해 내려다보는 듯한 시선도 좋지 않다. 상대방이 이야기할 때 두리번거리거나 딴 곳을 보면 무시하는 느낌을 준다. 혹시나 의도하지 않아도 눈동자가 습관적으로 불안정하게 움직이는 경우도 마찬가지다. 이런 버릇까지 통제할 수 있어야 한다. 이를 연습하는 데 앞에서 설명한 '거울 훈련법'이 큰 도움이 될

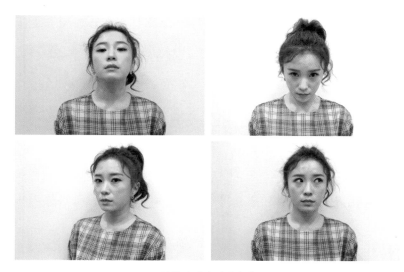

잘못된 시선 처리의 예

것이다. 왜냐하면 다른 사람의 눈동자보다 자신의 눈동자를 바라보는 것이 훨씬 편하게 느껴지기 때문이다.

실제로 고객과 마주할 때에는 눈과 입을 번갈아 보면 어색함과 부담을 줄일 수 있다. "눈 맞춤을 할 때에는 상대방의 입을 보세요. 입을 바라보면 상대방이 더 많이 이야기를 합니다. 그다음에는 눈으로 시선을 옮기세요. 다시 입을 바라보다 다시 눈으로 시선을 돌리는 겁니다. 이렇게 하면 진정으로 경청하고 있다는 느낌을 줍니다. 그래서 상대방이 더 많은 말을 하게 만들죠. 자신의 생각, 감정에 대해 더 많이 이야기할수록 사람들은 더 기뻐합니다. 그리고 듣는 사람을 매력적이라고 생각하죠." 브라이언 트레이시의 말이다.

많은 청중 앞에서 강연이나 프레젠테이션을 할 때에도 눈 맞춤을 해야 한다. 청중이 50명 이하라면 한 명 한 명 눈 맞춤을 하는 것이 좋다. 다른 곳을 보거나 원고만 보고 읽으면 전달력이 70% 이상 떨어진다는 연구 결과도 있다. 의미 없이 좌우로 도리도리하지도 말라. 청중이 더 많으면 구역을 나누어 시선을 번갈아 집중하면서 말을 하면 된다.

기왕이면 다정하고 온화한 눈빛으로 집중하고 동의하고 있다는 것을 표현하라. 당신의 호감도를 훨씬 끌어올릴 수 있고 더 큰 성과를 거둘 수 있다.

근자감

언젠가 내 딸이 말했다.

"아빠는 근자감이 넘치는 것 같아!"

그래서 물어봤다.

"근자감이 뭔데?"

"근거 없는 자신감!"

"아빠는 근거 있는 자신감이야!"

근거가 있든 없든 상관없다. 자신감만 있으면 된다. 미국 카네기멜론 대학교 행동결정연구소의 돈 무어 교수는 "타인의 신뢰를 얻는 것에 관한 한 자신감을 보여주는 것이 그동안의 일의 성과보다 더 중요하게 인식된다."라고 했다. 자신감이 사실로 증명된 데이터를 능가한다는 것이다. 사람들은 자신감을 전문성과 자연스럽게 연관시키는 경향이 있기 때문이다.

운동을 해서 근육을 키우듯 자신감이나 강한 의지도 꾸준히 노력하면 커진다. 자신감이나 강한 의지를 타고 나는 사람은 없다.

자신감을 키우는 가장 좋은 방법은 긍정적인 자기 암시다. 자성 예언(自省豫言)을 활용해보자. 자성 예언은 자기 충족적 예언이라고도 하는데 기대에 따라 현실에서 결과가 달라지는 현상을 의미한다. 긍정적인 자성 예언이 실현되는 것은 자신이 그렇게 될 것이라고 믿고서, 믿음에 맞춰 행동하기 때문이다. 이것은 사람의 믿음이 행동에 영향을 주며 긍정적인 결과를 가져온다는 것을 보여준다.

자성 예언을 더욱 더 효과적으로 실현하려면 자기 입으로 소리 내어 말하는 것이 좋다. 나는 고등학생 때 서울시교육청의 교육에서 이 자성 예언을 접하고 지금까지 30년째 하고 있다. 방법은 "~할 거야"가 아니라 "~하고 있다", "~되었다"라고 말하는 것이다. 매일 거울을 보면서 소리를 내어 "나는 멋진 사람이다.", "나는 능력 있다.", "나는 운이 좋다.", "내 가게는 오늘도 장사가 잘된다."고 말해 보라.

또 명상을 통한 자기 암시 요법도 효과적이다. 명상이라고 하면 거창하게 생각하는데 짬짬이 남는 시간에도 충분히 가능하다. 눈을 감고 마음속으로 자신감의 형상을 떠올린 다음(형상은 어떤 모습이든 상관없다.) 그 형상에 집중한다. 그리고 마음이 편안하고 여유로웠을 때의 기분을 떠올리며 자신감을 형상화한 이미지를 키워보는 것이다. 꾸준히 반복하다보면 어느새 자신감이 커진 스스로의 모습을 발견하게 될 것이다.

"된다! 된다! Just do it!"

자신감을 키워주는 방법

1 먼저 운동을 하라! 기왕이면 센 운동일수록 자신감 증진에 도움이 된다. 몸이 건강해지면 자연스럽게 자신감이 붙는다.

2 TPO에 알맞은 옷을 입었을 때 자신감이 고양된다는 것을 앞에서 살펴보았다. 나는 좋은 슈트를 입으면 누가 덤벼도 이길 수 있을 것 같다. 물론 주먹 아니고 말로.

3 마음이 즐거우면 자신감이 살아난다. 즐거운 음악, 비트가 빠른 음악을 들으면서 몸을 흔들어보라.

4 매장에든 책상에든 활짝 웃는 사진을 걸어두라. 기왕이면 가족이 함께 활짝 웃는 사진이면 더 좋겠다. 이유는 앞에 나왔다.

5 큰 몸동작은 자신감을 불어넣어준다. 나는 방송에 들어갈 때 주먹을 쥐고 팔을 최대한 펼치는 동작을 여러 번 한다.

6 목소리가 커지면 자신감도 붙는다. '목소리가 커지면'보다 '큰 소리를 내보면'이 맞겠다. 우리는 평소에 어디서나 큰 소리를 내지 못한다. 이불을 뒤집어쓰고라도 큰 소리를 내어보아야 한다. 물론 다음 장에 나오는 발성 연습 후에.

7 인간관계 정리가 필요하다. 늘 부정적인 영향을 주는 친구는 만나지 말라.

8 굳이 남들과 비교할 필요도 없다.

9 책을 많이 보자.

10 단기간 작은 목표를 설정해 성취하는 습관을 들이자. 오늘 할 것, 이번 주에 할 것, 한 달 이내, 올해 목표를 설정하고 써 붙여놓는다. 작은 성취의 경험이 쌓여 큰 성취를 만든다.

11 최대한 언제나 긍정적인 말을 하는 습관을 기르자. (195쪽 참고)

3장

팔리는 보이스

꿀성대에
빠져듭니다

목소리는 외모 이상으로 그 사람 자신을 나타낸다.
그뿐만 아니라 목소리는 사람의 마음을 움직여
사람과 사람 사이를 보다 깊게 연결시켜 주기도 한다.

__ 우에노 나오키(보이스 트레이너)

"임금이라면, 백성이 지아비라 부르는 왕이라면 빼앗고 훔치고 빌어먹을지언정 내 그들을 살려야겠소. 그대들이 죽고 못 사는 사대의 예보다 내 나라 내 백성이 열 갑절 백 갑절은 더 소중하오."

영화 〈광해, 왕이 된 남자〉가 나온 지 10년이 지났지만 지금도 이 대사를 들으면 눈이 시큰해진다. 내용도 내용이지만 이병헌 배우의 명품 목소리가 이 대사에 생명을 불어넣었다.

또 한 사람, 누구나 인정하는 감미로운 목소리의 한석규 배우. 많은 명대사가 있지만 지금 문득 떠오르는 대사는 "지랄하고 자빠졌네."다. 드라마 〈뿌리깊은 나무〉에서 세종 역을 맡은 그가 그 훈훈한 얼굴에 그 좋은 목소리로 비속어를 하다니, 너무나 임팩트가 큰 대사였다. 배꼽이 빠지게 웃었던 기억이 난다. "신분이 무슨 상관이냐? 이렇게 같은 하늘을 보면서 같은 꿈을 꾸고 있다는 게 중요한 것이지." 이 대사도 한석규 배우의 목소리 그대로 아직도 귓가에 맴돌고 있다.

우리 가족이 자주 가는 경기 일산의 '○○○주막'이라는 식당에는 오십 정도 되어 보이는 매니저 아저씨가 있는데, 성우 출신이 아닌가 싶을 정도로 목소리가 중저음에 힘이 있으면서도 부드럽고 따뜻하다. 식당을 찾을 때마다 그의 목소리를 들으면 마음이 참 좋다.

"당신, 목소리 아니었으면 안 만났어." 아내가 지금까지 내게 종종 하는 말이다. 나를 처음 만났을 때 키도 작고 얼굴도 자기 스타일이 아니었는데 목소리가 좋아서 만나보기로 했단다. 22년 전 CJ홈쇼핑 쇼호스트 공채를 통과해 입사한 후 사장님에게 들은 말도 "자넨 목소리 보고 뽑았어."였으니, 이 목소리가 아니었으면 내 인생은 어쩔 뻔했나. '목소리 좋은'이 강동섭이라는 사람을 규정하는 특질이 되어버린 것이다.

그만큼 목소리는 중요하다. 아니 그보다 우리가 소리라는 것 자체에 얼마나 영향을 받는지 모른다. 바람 소리, 새소리, 물소리 같은 자연의 소리가 우리를 얼마나 평화롭고 행복하게 만드는가? 고성능 자동차의 엔진 소리는 우리를 얼마나 흥분시키는가? 슈퍼카 브랜드 페라리와 두둥두둥 하는 특유의 소리로 유명한 오토바이 브랜드 할리 데이비슨에는 소리만 연구하는 전담 부서가 따로 있을 정도이다. 음악은 말할 것도 없다.

인간의 몸으로 만들어낼 수 있는 소리인 목소리를 더 아름답게, 더 맑고 밝게, 더 부드럽고 힘있게 만들 수 있다면 글쎄… 적어도 몇 억 원의 가치는 있지 않을까? 나처럼 방송 일로 먹고사는 사람은 물론이고 고객을 상대하는 판매자라면 누구나 좋은 목소리를 가져야 한다. 더 좋은 목소리를 갖기 위해 노력해야 한다. 그리고 결론부터 말하면 누구나 된다! 개인차는 있겠지만 나이에 상관없이 누구나 목소리가 좋아진다! 기대하시라!

먼저 자신의 목소리를 알아야 한다. 당신의 목소리는 높은 소리인가 낮은 소리인가? 기름진 소리인가 마르고 거친 소리인가? 쉰소리는 나지 않는가? 기어들어가는 목소리, 뭉뚱그려 나오는 목소리, 쉰소리가 나거나 지나치게 높은 날카로운 목소리, 쩌렁쩌렁 소리만 내지르는 목소리는 모두 전달력을 떨어뜨리고 상대방에게 좋지 않은 인상만을 남기게 된다.

예전에는 자기 목소리를 아는 사람이 드물었다. 녹음기에 녹음해서 듣지 않는 이상 들어볼 일이 없었다. 말을 할 때 들리는, 듣는다고 생각하는 소리는 정확한 내 목소리가 아니다. 그래서 처음 녹음해서 들은 자신의 목소리에 누구나 깜짝 놀랄 것이다. 지금은 누구나 스마트폰의 스피커 폰이나 영상 통화 기능을 사용하면서 자기 목소리를 많이 들어보았을 테니 익숙할지도 모르겠다. 그런데 우리나라 남성의 60%, 여성의 62%가 자신의 목소리에 만족하지 못한다고 한다. '만족하지 못하면 뭘 또 어쩌겠나? 그냥 사는 거지.' 하는 사람도 있을 것이다. 목소리는 타고나는 것이 아닌가?

한 다큐멘터리에서 세계 최고의 성악가 조수미 씨 목소리의 비밀을 파헤친 적이 있다. 내시경으로 그녀의 성대를 촬영해서 의학적으로 분석을 하고, 어렸을 때부터 교육받고 훈련한 과정을 추적했다. 예상대로 그녀는 타고난 성대를 가지고 있었고, 거기에 평생 끊임없는 훈련을 더해 세계 최고의 성악가가 되었다는 결론이었다. 전문가들은 좋은 목소리의 조건으로 타고난 성대는 5%에 불과한 반면 훈련과 개발로 95%를 바꿀 수 있다고 한다. 우리 몸에서 후천적인 노력으로 무려 95%를 개선할 수 있는 것이 또 있을까? 95%의 가능성이 우리에게 있다.

소리는 떨림이라는 것을 배운 기억이 나는가? 흉강이 축소하고 횡경막이 올라오면 허파도 수축하게 되고 허파에 차 있던 공기가 기도를 타고 올라오다 기도 중간에 양쪽으로 펼쳐져 있는 성대를 스치면서 성대가 떨리게 되는데, 이 떨림으로 소리가 만들어지는 것이다.

성대가 떨릴 때는 남성과 여성의 진동 수가 다른데, 남성은 100~150Hz, 여성은 200~250Hz이다(남성은 1초에 100~150번, 여성은 200~250번 떨린다는 뜻이다). 어릴 때는 비슷하다가 변성기를 지나면서 남성호르몬이 성대를 길게, 성대 주변의 근육은 두껍게 만들어 굵고 낮은 목소리로 변하게 한다. 그래도 1초에 100번 넘게 떨린다는 것은 성대가 엄청 얇은 근육이란 것이다. 목소리가 좋아진다는 것은 이 얇은 근육인 성대의 컨디션을 어떻게 유지하느냐, 그리고 성대에서 만들어진 소리를 어떻게 울리게 하느냐에 달려 있다.

꿀성대를 만들기 위해서는 먼저 성대를 애지중지, 귀하게 모셔야 한다. 그러려면 하지 말아야 할 것이 많다. 술, 담배, 고성방가 금지. 한석

규도 목소리를 위해 40년 피운 담배를 끊었다. 커피는 적당히. 카페인이 이뇨 작용을 촉진해 성대를 마르게 한다. 성대가 마르면 위험하다. 기름지고 자극적인 음식도 피하는 것이 좋다. 위산이 역류해 성대를 자극해 붓게 만들기 때문이다.

고성방가로 성대를 혹사하지 말라. 나는 대학에서 부전공으로 성악을 했다. 푸치니 오페라 〈투란도트〉 중 '아무도 잠들지 말라Nessun Dorma'를 죽기 전에 완벽하게 불러보는 것이 소원이었다. 군대 가서 훈련을 받다가 성대가 찢어졌다. 절벽에 세워놓고 악을 쓰게 하는데…. 성악을 그만둘 수밖에 없었고 지금까지 한으로 남았다. 얼마 전 음악 오디션 프로그램 〈싱어게인 2〉에 2000년대 초 발라드 가수 김현성이 나왔다. 자신의 히트곡 'Heaven'을 부르면서 목을 혹사해 성대 결절로 가수 인생을 끝낼 수밖에 없었다는 사연에 모두가 눈물을 흘렸다. 제발 성대를 아끼자.

물을 많이, 아니 조금씩 자주 마시는 습관을 들여야 한다. 성대는 늘 촉촉하게 젖어 있어야 하기 때문이다. 이때 물은 찬물 말고 우리 체온 정도 되는 따뜻한 물이 좋다. 조수미 씨는 35년 동안 찬물을 마시지 않았다고 한다.

아침에 잠에서 깼을 때 목소리가 갈라지고 목이 따끔거리는 것도 성대가 말라 있기 때문이다. 밤새 수분 보충은 안 되고 호흡만 계속하면서 성대를 바짝 말려놓은 것이다. 그래서 잠에서 깨면 적어도 30분 정도는 소리를 내지 말아야 한다. 일어나자마자 "꺅! 늦었다!" "안 일어나!" 하면서 소리를 지르는 것은 성대를 죽이는 행위다! 성대를 살리기 위해 눈 뜨자마자 따뜻한 물을 머그컵으로 한 잔 정도 천천히 마시자. 밤새 보충하지 못한 물을 넣어주어야 한다. 물이 순환해 성대가 촉촉해질 때까지 소리내지 말라.

또 호흡도 무척 중요한 포인트이다. 호흡이라고 하면 누구나 복식 호흡을 떠올릴 것이다. 이제부터 머릿속에서 복식 호흡이란 말은 지워버리자. 성악가나 성우가 될 것이 아니라면 복식 호흡은 필요 없다. 하면 안 된다. 하지도 못할걸? 나도 대학생 때 성악을 했지만 안 한 지 30년이 다 되어서 이제는 할 줄 모른다. 다시 복식 호흡을 하려면 아마도 한 1년은 훈련해야 할 것 같다. 방송 아카데미건 스피치 학원이건 어딜 가나 복식 호흡, 복식 호흡 하는데, 하면 안 된다니 놀랍지 않은가?

복식 호흡의 목적은 호흡량과 힘을 키우고 소리를 고르게 내기 위한 목적과 함께 소리의 울림통 역할을 하는 공명강(구강, 비강, 복강 등) 중 하나인 복강의 용적을 키워서 소리의 공명을 극대화하는 데 있다.

복식 호흡이 뭔지도 모르고 복식 호흡을 한 번도 해본 적이 없는 가짜 전문가들이 복식 호흡, 복식 호흡 하는 것을 보면 기가 찬다. 아나운서들 중에도 복식 호흡을 제대로 하는 사람 거의 없다. 배만 내밀고 배에 힘주고 배로 호흡하라고 하면 가짜다. 이제 "복식 호흡을 해야 발성이 된대.", "복식 호흡을 해야 목소리가 좋아진대." 이런 말에 휘둘리지 마시길. 하기도 어렵지만 해서도 안 되는 이유는 복식 호흡은 말소리를 부자연스럽게 만들기 때문이다. 예전에 성우가 더빙하던 공중파 영화를 떠올려보라. 그런 식으로 세일즈 스피치를 하면 비웃음만 사기 좋다.

좋은 호흡을 위해서는 담배 끊고 유산소 운동만 하면 된다. 말을 할 때는 복강의 공명이 필요 없기 때문에 말하는 사람은 폐활량만 충분하면 된다는 소리다.

여기서 잠깐!

발성 연습이 필요하다

목을 뚫어준다고 "악! 악! 악!" 하고 소리를 지르는 사람들을 볼 때가 있다. 정말 무식한 짓이다. 큰일난다. 앞에서 말한 것처럼 성대를 죽이는 짓이다.

성대는 근육이다. 근육 운동을 하기 전에는 준비 운동이 필요하다. 근육을 이완시켜서 부드럽게 만들고 더 강한 운동을 할 준비를 하는 것, 그것이 스트레칭이다. 발성 연습은 다른 말로 하면 성대 스트레칭인 것이다. 우리가 팔, 다리, 허리 등을 스트레칭할 때 처음부터 갑자기 높은 강도에서 시작하지 않듯, 발성 연습도 정말 저강도에서 시작해야 한다. 특히 성대는 우리 몸에서도 가장 얇은 근육이다. 다시 말하지만 성대를 애지중지, 귀하게 모시자.

성대 스트레칭에 최적인 방법이 허밍(humming)이다. 허밍은 성대의 긴장을 풀어주고 잔잔한 떨림을 지속시켜 저강도 근육 운동의 효과를 낸다. 허밍도 바른 자세로 하는 것이 좋다. 힘을 빼고 아래턱을 떨어뜨려 자연스럽게 구강을 크게 만들고, 윗입술과 아랫입술이 닿을락 말락 하게 해서 소리를 내어보라. 닿을락 말락 한 곳이 찌릿찌릿 간지러우면 제대로 하는 것이다. 발성 연습의 가장 기본이 되고, 언제 어디서나 할 수 있고, 다른 사람의 눈치 볼 필요도 없으니 매일 틈날 때마다 계속 연습하자. 허밍으로 스트레칭이 되었으면 조심스럽게 더 큰 소리를 내어도 좋다.

턱과 울대뼈 사이 오목하게 들어간 곳을 틈날 때마다 마사지하면 후두 근육의 긴장이 풀어져 맑은 목소리를 내는 데 도움이 된다.

만약 성대를 다치거나 건강상의 문제가 있어 정상적인 목소리가 나오지 않는 상태라면 의학의 도움을 받아야 한다. 이비인후과 음성 클리닉을 방문해 보라. 방송 아카데미 학생 중에도 목소리에 쇳소리가 섞여 나와 참 힘들어하던 여학생이 있었는데 음성 클리닉에서 치료를 받은 후 목소리가 몰라보게 좋아졌다. 요즘은 보톡스나 레이저를 이용해 목소리 성형도 가능하다고 들었다. 목소리 때문에 너무 스트레스를 받는다면 상담을 해보는 것도 나쁘진 않겠다.

좋은 목소리를 만드는 건강 루틴

이 루틴만 매일 지켜도 당신의 목소리는 분명히 좋아진다. 믿어도 좋다!

말,
살아나다!

점심때 만나 밥 먹고 차 마시고, 다시 저녁 먹고 술 한잔 더 할 때까지 떠들어도 시간 가는 줄 모르겠는 즐거운 친구가 있고, 5분 대화가 1시간 같아서 어떻게든 핑계 대고 자리를 뜨게 만드는 친구. 이런 친구들은 누구에게나 있을 것이다. 아무리 목소리가 좋아도, 아무리 감미로운 소리라고 해도 말이 지루하면 집중도가 떨어지고 그렇게 되면 세일즈 성공률도 당연히 떨어진다. 지루하지 않게, 지겹지 않게 이야기하려면 어떻게 해야 할까?

국민 MC 3인방 유재석, 신동엽, 강호동 씨의 방송을 보면 누구도 지루하다는 느낌을 받지 않을 것이다. 개그맨 출신이기 때문에 순간순간 순발력 있게 날려주는 재치 있는 입담도 매력적이지만, 일단 그들의 말은 살아 꿈틀대는 생명체처럼 춤을 춘다. 도대체 어떤 요소들이 말을 살아나게 하는 것일까?

미국 드라마 〈웨스트 윙〉의 작가 애런 소킨은 이런 말을 했다. "훌륭한 언어는 훌륭한 음악과 똑같은 특성을 지닌다. 여기엔 리듬이 있고, 높낮이가 있고, 음색이 있고, 강약이 있다." 마케팅 전문가 데이브 라카니도 "역사적으로 우리에게 가장 큰 감동과 즐거움, 가장 강력한 메시지를 전달해 준 연설가들은 메시지를 보다 강력하게 전달하기 위해 수시로 목소리에 변화를 주며, 말하는 속도나 어조를 변화시킨다."라고 말한다. 변화가 있어야 말은 살아난다.

말에 변화를 줄 수 있는 요소는 여러 가지가 있지만, 기본적인 3요소만 연습해도 당신의 말은 이전과 비교할 수 없을 만큼 생명력이 넘칠 것이다.

첫 번째는 말의 고저(高低), 즉 높낮이^{tone}이다. 같은 음으로 계속되는 노래가 없듯이 말이 계속 비슷한 높낮이로 가게 되면 너무나 지루하고 졸리게 마련이다. 지나치게 높은 톤으로 말을 하면 공감대를 형성할 수 없고 무능하며 신경질적이고 신뢰할 수 없다는 평가를 받는다. 지나치게 낮은 톤은 잘 알아들을 수도 없을 뿐더러 의욕 없고 자신감도 없어 보인다.

두 번째는 음량(音量), 즉 소리의 크기^{volume}이다. 카페 옆자리에 중학생 자녀를 둔 엄마 4명이 앉아 이야기를 하는데, 유독 한 엄마의 목소리가 어찌나 큰지 손님 모두가 인상을 찌푸리고 눈치를 줬던 일이 있다.

목소리가 크기만 해도 민폐가 될 수 있다.

　마지막으로 음속(音速), 그러니까 말의 속도^{tempo}이다. 우리나라 사람들은 1분에 120~180개의 단어를 말한다. 느리게 말하는 것보다 빠르게 말하는 것이 설득 효과가 크다. 하버드 대학교 크라우스 세라 교수에 따르면 빠르게 말하는 사람은 상대방에게 자신감 있는 느낌을 주기 때문에 신뢰도가 높아진다. 하지만 너무 빠르게 말하면 상대방에게 긴장과 불안감을 주고, 너무 느리게 말하면 둔하고 열의가 없다는 인상을 준다.

　앞에서 말한 지루하고 지겨운 친구들을 떠올려보라. 이 세 가지에 변화가 없을 것이다. 그럼 이 세 가지 요소에 변화를 주어 내 말이 살아나게 해보자.

　높낮이, 크기, 속도에 변화를 주기에 앞서 자기 목소리의 표준 높낮이, 표준 크기, 표준 속도를 알아야 한다. 군대에 갔다 온 남자들은 '영점(零點)을 잡는다.' 하면 딱 알 것이다. 내 목소리의 영점을 잡아야 한다. 다시 말해 내가 평소 말할 때 가장 자연스럽게 쓰는 중간 음역대, 중간 음량, 중간 음속을 찾으라는 것이다. 거기서부터 훈련이 시작된다. 소설이든 신문 기사든 대본이든 읽을 거리를 준비해서 처음부터 끝까지 내 목소리의 표준 높낮이, 표준 크기, 표준 속도로 읽는다. 방송인이 되려는 학생들에게는 이것만 100번 시킨다. 자기 목소리의 절대 음감을 갖게 하기 위함이다.

　이기주 작가의 『말의 품격』에 나오는 문장으로 연습해 보자.

인간은 자연을 닮은 소우주다.

인간의 말은 작은 우주에서 생명을 얻는다.

그러므로 들리는 것을 듣는다고 해서 다 듣는 것이 아니다.

귓속을 파고드는 음성에서 숨겨진 메시지를 포착해

본질을 읽어내야 한다.

상대방이 가슴에서 퍼 올린 말을 귀가 아닌

가슴으로 느끼려면 반드시 그래야 한다.

음성 강좌 다운로드

① 예문을 '미' 음으로 읽는다. (크기와 속도는 중간으로 읽는다.)

인 간 은 자 연 을 닮 은 소 우 주 다

② 예문을 두 음을 올려서 '솔' 음으로 읽는다. (크기와 속도는 그대로)

인 간 은 자 연 을 닮 은 소 우 주 다

③ 예문을 네 음을 내려서 '도' 음으로 읽는다. (크기와 속도는 그대로)

인 간 은 자 연 을 닮 은 소 우 주 다

④ 높낮이를 세 단계로 연습한 후(다섯 단계로 해도 좋다.) 넓어진 음역대에서

글의 의미와 내가 전하고 싶은 강조점 등을 반영해 높낮이에 변화를 주며 읽는다. (크기와 속도는 그대로)

인 간 은   자 연 을   닮 은   소 우 주 다

크기와 속도도 마찬가지다. 높낮이처럼 크기 세 단계, 속도 세 단계를 따로따로 연습하라. 최종 단계는 이렇게 연습한 9개의 변화를 모두 동원해 읽는 것이다. 의미와 문맥, 강조점에 따라 목소리를 높이기도 하고 낮추기도 하고, 크게도 했다가 작게도 하고, 몰아치듯 빨라졌다가 여유 있게 늘어져 보기도 하면서 한 문장 한 문장을 요리해 보라. 종이 속에 시체처럼 누워 있던 활자들이 꿈틀대며 일어나는 것을 체험해 볼 수 있을 것이다.

높낮이, 크기, 속도를 다섯 단계씩 연습하면 총 15개의 변수가 생긴다. 더 넓은 영역 안에서 더 드라마틱하게 연습할 수 있다. 이렇게 연습하고 사람들과 이야기를 나누어보면 이전에 상상도 못 했을 정도로 사람들이 당신에게 집중할 것이다.

여기서 팁 하나. 대개 강조하고 싶은 내용은 크고 높은 톤으로 말하게 되는데, 정말 강조하고 싶을 때 먼저 한 템포 쉬고 pause 오히려 속삭이듯 소곤소곤 이야기해 보라. 엄청나게 주목도가 올라간다. 듣는 이는 무의식적으로 '이 귀한 것을 나한테만 알려주는구나.' 하는 느낌으로 귀를 쫑긋 세워 듣게 되니까.

발음
참 쉽죠~

초보자처럼 배운다면

온 세상이 문을 열어줄 것이다.

__ 바버라 셔(작가)

옛날에 어느 대통령이 ○○시를 '강간 도시'로 만들겠다고 말해 난리가 났던 일을 기억하는가? '관광 도시'가 '강간 도시'가 되어버린 웃픈(웃기고 슬픈) 사고는 그의 사투리와 특이한 발음 때문이었다. 말은 의사소통의 가장 중요한 도구이다. 말을 명확하게 전달하지 않으면 의사(意思)가 잘못 소통(疏通)되거나 아예 소통이 되지 않는다. 고객과 소통하기 위해 기본적으로 발음이 정확해야 한다는 것은 그래서 말할 필요도 없는 것이다.

물론 방송인 중에도 발음이 정확하지 않은 사람들이 있다. N씨처럼 'ㅅ'를 'th'로 발음하는 사람은 내 주변에도 몇 명 있는데, 실제로 어린아이들도 가장 늦게 발달하는 자음 발음이 'ㅅ' 발음이라고 한다. 한류 스타 C씨나 K씨는 혀 짧은 소리 때문에 오랫동안 조롱을 받아왔고, 어느 가수는 앨범에도 실린 노래의 가사 '겁이 나'를 '겁시 나'로 녹음해서 한동안 논란이 되기도 했다. 발음은 얼마든지 교정이 가능하니 응당 노력을 기울여서 고쳐야 할 것이다.

우선 기본적인 발음판을 보고 한 자 한 자 신경 써서 읽기만 해도 좋은 발음을 만들 수 있다. 또 재미 삼아 추억의 발음 놀이를 해보는 것도 도움이 된다.

가	갸	거	겨	고	교	구	규	그	기	게	개	궤	괘
나	냐	너	녀	노	뇨	누	뉴	느	니	네	내	눼	놰
다	댜	더	뎌	도	됴	두	듀	드	디	데	대	뒈	돼
라	랴	러	려	로	료	루	류	르	리	레	래	뤠	뢔
마	먀	머	며	모	묘	무	뮤	므	미	메	매	뭬	뫠
바	뱌	버	벼	보	뵤	부	뷰	브	비	베	배	붸	봬
사	샤	서	셔	소	쇼	수	슈	스	시	세	새	쉐	쇄
아	야	어	여	오	요	우	유	으	이	에	애	웨	왜
자	쟈	저	져	조	죠	주	쥬	즈	지	제	재	줴	좨
차	챠	처	쳐	초	쵸	추	츄	츠	치	체	채	췌	쵀
카	캬	커	켜	코	쿄	쿠	큐	크	키	케	캐	퀘	쾌
타	탸	터	텨	토	툐	투	튜	트	티	테	태	퉤	퇘
파	퍄	퍼	펴	포	표	푸	퓨	프	피	페	패	풰	퐤
하	햐	허	혀	호	효	후	휴	흐	히	헤	해	훼	홰

【발음 연습 1】

간장공장 공장장은 강 공장장이고

된장공장 공장장은 장 공장장이다

들의 콩깍지는 깐 콩깍지인가 안 깐 콩깍지인가?

깐 콩깍지면 어떻고 안 깐 콩깍지면 어떠냐

깐 콩깍지나 안 깐 콩깍지나 콩깍지는 다 콩깍지인데

【발음 연습 2】

안 촉촉한 초코칩 나라에 살던 안 촉촉한 초코칩이

촉촉한 초코칩 나라의 촉촉한 초코칩을 보고

촉촉한 초코칩이 되고 싶어서 촉촉한 초코칩 나라에 갔는데

촉촉한 초코칩 나라의 문지기가

"넌 촉촉한 초코칩이 아니라 안 촉촉한 초코칩이니까

안 촉촉한 초코칩 나라에서 살아"라고 해서

안 촉촉한 초코칩은 촉촉한 초코칩이 되는 것을 포기하고

안 촉촉한 초코칩 나라로 돌아갔다

【발음 연습 3】

액자 속 사진 속의 그 홍합 홍합 홍합 홍합

액자 속 사진 속의 그 왕밤빵 왕밤빵 왕밤빵 왕밤빵

그립다 그리워 그립다 그리워

명확한 발음을 위한 첫 훈련법은 소리 내어 많이 읽는 것이다. 무엇이든 좋다. 내가 방송국 공채 시험을 준비할 때에는 뉴스 대본을 엄청 읽었지만 여러분은 무엇이든 소리 내어 읽으면 된다. 스마트폰으로 뉴스 기사를 읽어도 좋고 책도 좋다. 간판, 메뉴판도 좋다.

연음법칙에 주의하자

우리말 발음에서 가장 기본이 되는 법칙은 연음법칙이다. 받침이 뒤 음절의 첫소리로 올라가는 것이다.

· 밥이 → 바비　　　　　　　· 꽃을 → 꼬슬X 꼬츨O
· 값이 → 가비X 갑시O　　　· 닭을 → 다글X 달글O
· 빛이 → 비시X 비치X 비지O　· 겁이 나 → 겁시 나X 거비 나O

받침이 'ㅌ'일 때는 발음이 참 어렵다.

· 밥솥은 → 밥소슨X 밥소츤X　　· 밥솥을 → 밥소슬X 밥소츨X
· 밥솥이 → 밥소시X　　　　　　· 밥솥에 → 밥소세X 밥소체X

연음법칙대로 발음하면 '밥소튼' '밥소틀' '밥소티' '밥소테'가 맞겠지만 예외가 있다. 조사 '이'가 붙을 때는 '치'로 발음하여 '밥소치'가 된다. 학교 다닐 때 배웠던 '미닫이'가 '미다디'가 아니라 '미다지'로 발음되는 구개음화(口蓋音化) 때문이다. 끝, 밭, 햇볕도 마찬가지이다. 기자, 리포터들도 잘 틀리는 발음으로 발음하기가 쉽지 않지만 정확하게 발음하려고 노력하면 좋은 인상을 줄 수 있다.

· 밥소튼, 밥소틀, 밥소치, 밥소테
· 끄치, 바치, 햇벼치

방송 아카데미에서 가장 먼저 지적하는 발음은 다음인데 의외로 틀리는 사람이 많다.

· 습니다 → 슴미다X 슴니다○   · 입니다 → 임미다X 임니다○
· 민주주의의 의의 → 민주주이에 의이

동음이의어를 구분하여 발음하자

우리말에는 발음은 같은데 뜻이 다른 동음이의어가 너무나 많다. 구분하는 방법은 장음과 단음을 신경 써서 발음하는 것이다. ' : '로 장음을 표시한다.

예전에 KBS의 기상 캐스터가 "태풍의 눈: 속으로 들어가"라고 말했는데 틀렸다. 태풍의 눈은 'eye'이기 때문에 단음이다. 사람의 '눈'과 하늘에서 내리는 '눈:'은 장음과 단음으로 명확하게 구별해야 한다. 눈에 눈:이 들어가서 흐르는 것은 눈물이냐 눈:물이냐? 그게 말이야 당나귀야? 말(馬)과 말:(言)도 길이가 다르다. 경제 뉴스에 자주 나오는 "경:기가 살아나서"도 틀린 발음이다. 장음 '경:기(競技)'는 축구 경기, 운동 시합 등을 뜻한다. 단음 "경기(經氣)가 살아나서"로 발음해야 정확하다.

여기서 잠깐!

발음 연습을 위한 TIP

발음 연습을 위해 볼펜을 물고 말하는 방법을 많이 쓰는데, 입 주변의 근육을 풀어주고 혀를 적당히 눌러주기 때문에 정확한 발음에 도움이 된다. 특히 모음 발음에 좋다. 모음을 잘 발음하는 것이 발음의 정확성을 좌우한다고 해도 과언이 아닌데, 단시간에 발음을 명확하게 만들 수 있는 방법으로 〈모음 훈련법〉이 있다. 아나운서나 방송인들이 발음 훈련을 할 때 쓰는 방법인데 자음을 빼고 모음만 읽는 것이다.

① 하늘을 혼자 못 가지듯이 밥은 서로 나눠 먹는 것, 밥은 하늘입니다.
② 아으으 오아 오 아이으이 아으 어오 아워어으 어, 아으 아으이이아.

어떤 글이든 ①처럼 먼저 적어놓고 그 아래에 ②처럼 모음만 적는다. ②를 여러 번 반복해서 읽은 다음 ①을 읽어보면 발음이 확연하게 명확해진다.

젊은 세대일수록 모음을 애매모호하게 발음하는 경향이 있다. '했어요'를 '햇서요'라 발음하지 않고 '햇소요' 하는 식이다. 전문 방송인도 아닌데 완벽해야 하나 생각할 수도 있겠지만 정확한 발음은 고객과의 커뮤니케이션을 원활하게 하고 나아가 신뢰감을 준다는 것을 기억하라. 발음에 문제가 있다면 주변 사람들의 솔직한 피드백을 구하고, 연습하고 연습하자.

명연설가였던 영국 수상 윈스턴 처칠도 'R' 발음이 잘 안 돼 성인이 되어서까지 입술이 부르트도록 연습했다고 한다.

4장

팔리는
말솜씨

구어체로
말하세요

이 책의 메인 메뉴라 할 수 있는 '팔리는 말솜씨'의 문을 열면서 이 문제를 먼저 제기하는 것은 평소 그만큼 중요하다고 생각했기 때문이다. 쇼호스트 동료들과 여러 방송인뿐 아니라 많은 자영업자, 소상공인들을 만났을 때 이 문제 때문에 커뮤니케이션과 세일즈 성과를 깎아먹고 있는 것을 보면서 반드시 문제 제기를 하고 해결법을 공유해야 하겠다고 생각해 온 터였다.

그런데 정작 이 문제를 깊이 있게 생각하는 사람은 거의 없을 것이다. 대개는 들어본 적도 없을 것 같다. 예전에 학교에서 영어 공부를 할 때 문어체, 구어체라는 용어를 들어본 것 같기는 한데, 우리말에도 문어체, 구어체가 있다고? 있다. 분명히!

다른 사람의 말을 들을 때 뭔가 어색하고, 책을 읽는 것 같고, 옛날 사람같이 느껴진다면 그것이 문어체다! 100%다!

"세일즈 성과를 올리기 위해 문어체와 구어체를 명확히 구분해 구사하여야 하며, 열심히 연습해 습관이 들도록 해야 한다." 이 문장을 옆에 있는 친구에게 말해 보라. 자연스러운가? 우리는 이런 말을 사용하지 않는다. 이것은 책에 있는 글이다. 말이 아니다. 공무원 같은 집단에서는 쓸 법도 하지만 세일즈 스피치에서는 이러면 안 된다.

세일즈 스피치는 이 책의 마지막에 나오는 이야기, 즉 스토리텔링을 통해 완성된다. 듣는 사람이 마음속으로 그림을 그리고 꿈을 꾸게 하려면 이야기는 한없이 자연스러워야 한다. 이야기가 자연스러워지려면 먼저 말이 자연스러워야 한다. 그런데 문어체로 말을 하면 어색하고 이상하다. 결코 자연스러워질 수 없다. 그래서 우리는 철저하게 구어체를 구사해야 한다. 문어체, 구어체 구별도 못 하는데 어떻게 구사를 할 수 있을까? 절대적이고 쉬운 기준을 제시하겠다. '친구들과 수다 떨 때 쓰는 말인가?' 이것이다. 구어체는 말을 할 때 쓰는 말이기 때문에 우리의 말생활에 있는 말이다. 이 기준으로 생각하면 누구나 구별할 수 있다. 그중 몇 가지 규칙을 살펴보자.

구어체의 특징

구어체의 첫 번째 특징은 짧은 것을 좋아한다는 것이다. 줄일 수 있는 것은 최대한 줄인다. "안녕하세요, 김태희입니다."는 "김태힙니다"로,

"대학교입니다"는 "대학굡니다", "것입니다"는 "겁니다"로 줄인다. 아직까지 활동하고 있는 원조 아이돌 그룹 '신화'는 인사를 할 때면 늘 "우리는 신화입니다"라고 하는데 틀렸다. "우리는 신홥니다"라고 해야 맞는 것이다.

■ 되어서 ⋯➔ 돼서　　　■ 하여서 ⋯➔ 해서　　　■ 하여야 ⋯➔ 해야

한 글자라도 줄일 수 있으면 줄이는 것이 구어체이다. '말의 경제학'이라고도 한다. 말은 가능한 한 짧고 경제적으로 해야 한다는 것이다. 말의 경제학이란 관점에서 우리가 거의 쓰지 않는 접속사가 있다. 바로 '그럼에도 불구하고'이다. 생각해 보자. 일상생활 중에 어머니와 이야기를 하거나 친구들과 수다를 떨거나 간에 당신이 '그럼에도 불구하고'라는 말을 쓴 적이 있는지. 거의 없을 것이다. 이유는 너무 길기 때문이다. 일개 접속사 주제에 무려 여덟 글자나 된다. 앞에서 본 것처럼 말은 한 글자라도 줄일 수 있으면 줄이는 습성을 가지고 있다. '그럼에도 불구하고'는 글 속에나 존재하는 접속사인 것이다. '그럼에도 불구하고' 대신에 우리는 '그런데도', '하지만', '그래도', '그렇지만' 같은 접속사를 많이 쓴다. 신기하게도 영어의 '그럼에도 불구하고'의 뜻을 가진 접속사인 'nevertheless'나 'nonetheless' 역시 미국 사람들은 잘 쓰지 않는다고 한다. 마찬가지로 쓸데없이 길기 때문이다.

특징1 짧은 것을 좋아한다는 구어체의 특징과는 반대로 더 길어지는 경우도 있다.

- 위해 ⋯→ 위해서
- 구분해 ⋯→ 구분해서
- 물어보니 ⋯→ 물어보니까
- 위험하니 입원을 해라 ⋯→ 위험하니까
- 좋다고 하니 ⋯→ 좋다고 하니까
- 친구가 하라고 해 하고 있습니다. ⋯→ 하라고 해서

특징 2 '그러므로' 역시 우리는 말 생활에서 거의 쓰지 않는다.

- 내가 너희 선생님이므로 이런 말을 하는 거야
  ⋯→ 내가 너희 선생님이기 때문에 이런 말을 하는 거야
- 가능하므로 ⋯→ 가능하기 때문에
- 금연 빌딩이므로 ⋯→ 금연 빌딩이기 때문에 / 금연 빌딩이라서

특징 3 구어체에서는 접속 조사 '와'와 '과'를 거의 쓰지 않는다

명사와 명사를 대등하게 이어주는 접속 조사 '와/과'도 문어체라는 사실! 정말 놀랍지 않은가? '와'나 '과' 없이 우리가 어떻게 말을 할 수 있을지⋯. 그런데 입으로 소리를 내어 말을 해보면 이게 또 너무나 어색하다. 다음 문장을 소리 내어 읽어보라.

"아들, 마트 가서 양파와 당근과 오이와 우유와 생선을 사 오렴."
"아메리카노와 카페 모카와 그린티 라테와 치즈 케이크 주세요."
이런 말을 써본 적이 있는가? 어색하지 않은가? 우리의 말생활에 '와/과'는 거의 없기 때문이다.

"나와 너", "연필과 공책" 대신 우리는 "나랑 너", "연필하고 공책" 같은 표현을

쓴다. '랑', '하고', '에다가' 같은 말들을 많이 쓰는 것이다. 아니면 조사를 생략해도 된다.

"아메리카노, 카페 모카, 그린티 라테랑 치즈 케이크 주세요."
이런 사소한 조사 하나까지 우리말을 어색하고 경직되게 만들거나, 더없이 자연스럽게 만들 수도 있다.

특징 4 **구어체는 동사형으로 말한다.**

『미저리』, 『쇼생크 탈출』, 『그린 마일』 같은 작품으로 유명한 소설가 스티븐 킹은 명사형을 주로 쓰면 문어체, 동사형은 구어체라고 하였다.

- "구입하심으로써 누릴 수 있는 혜택은"
⋯▶ "구입하시면 이런 이런 혜택을 누릴 수~"

- 재능 없음은 중요한 문제가 아니다.
⋯▶ 재능이 없는 것은 .중요한 문제가 아니다.

- 4대 강을 재자연화함으로써 이런 경제적 가치를 기대할 수~
⋯▶ 4대 강을 다시 자연화하면 이런 경제적 가치를 기대할 수~

'말'은 그릇이다. 중요한 것은 그릇에 담기는 요리이다. 그런데 그릇이 오염되거나 흠집이 있으면 요리에 손이 안 간다. 말이 한없이 자연스러워야 하는 이유이다. 예를 들어 이번 연도, 다음 연도는 올해, 내년으로 좌측, 우측은 왼쪽, 오른쪽으로 말하는 것이 훨씬 자연스럽다. 이런 작은 표현들 하나하나 신경을 쓰다 보면 듣기에 좋은 말이 된다.

더 성공하기 위해, 더 많은 돈을 벌기 위해, 더 노력하고 싶은 사람은 말 그릇을 닦아보자. 당신의 세일즈 스피치, 설득 커뮤니케이션이 고객에게 더 정갈하게 다가갈 것이다.

엉터리 존댓말은 이제 그만!

오늘도 들었다.

"톨 사이즈 아메리카노 나오셨어요."

커피를 좋아해 매일 마시는 나에게 커피는 매일 나오신다. 커피뿐이겠는가?

"4천 원이세요."

"M은 사이즈가 없으세요."

"포장이세요?"

"이 스파게티는 면이 좀 굵게 나오시고요"

"항체가 형성되는 데는 최소 2주일 이상이 걸리십니다."

"그 상품은 품절이십니다."

"이 요금제가 더 저렴하고 혜택도 더 많으세요."

나 같은 쇼호스트들도 유죄다.

"이번 신상품 디자인 너무 예쁘시죠?", "매진되실 거 같아요"

그나마 다행인 것은 나만 귀에 거슬리고 불편한 것이 아닌가 보다. '나한테 높임말을 써야지 왜 상품을 높이지?' 하는 의문을 갖는 사람이 많은 것 같다. 기사도 많이 뜨니까.

국립국어원 이준석 연구관은 "과거에는 공식적으로 존댓말을 사용해야 하는 대상이 정해져 있었지만, 자본주의가 심화되면서 예전과 달리 고객에 대한 과잉 존대 현상이 나타나고 있다. 상품 판매자가 고객은 물론이고 고객과 관계되는 모든 것을 다 높여주려고 하다 보니 돈이나 물건까지 높이는 것이다."라고 분석한다. 구효서 작가는 "배꼽 위에 두 손을 겹쳐 얹고 45도 각도로 고개를 숙인다고 해서 다 친절하고 예의 바르게 비치는 것은 아니다. 마찬가지로 시도 때도 없이 '시' 자를 우겨 넣는 묘한 존대법은 '허구의 어법'이며 '불쾌의 어법'임에 분명하다."라고 했다.

내 기억으로는 이런 엉터리 존댓말이 넘쳐나게 된 것은 10여 년 전부터인 것 같다. 처음에는 나도 지적을 하곤 했다. 몇몇 기업에서는 캠페인을 벌이기도 했다. 백화점에서도 올바른 높임말 사용을 위해 사원 교육에 힘쓰겠다고 했다. 긍정적인 노력이다.

그런데 왜 없어지지 않을까? 얼마 전 기사를 보았다. "2만 원입니다." 하고 바르게 말하면 "왜 존댓말 안 하냐?" 하고 시비 거는 손님들이 있어 어쩔 수 없이 과잉 존대를 한다는 것이다. 참 어렵다. 그러나 그들이 무식한 것이다. 그들이 무식해서 갑질하는 것이다.

틀리게 쓴다고 소통이 안 되는 것은 아니지만 그래도 바르게 썼으면 한다. 존댓말은 사람에게만 쓰는 것이다. 예외적으로 상대방의 신체, 심리 등을 통해 상대방을 간접적으로 높일 때는 써도 된다. "눈이 크시네요", "손이 참 고우세요", "걱정이 많으세요"처럼.

"이쪽으로 오실게요", "샴푸 먼저 하실게요", "주사 맞으실게요"도 틀린 존댓말이다.

상대방에게 요청하는 말에는 "~게요"를 쓰지 않는다. "제가 할게요"와 같이 본인에게만 쓰는 것이다. "기다리세요", "기다려 주시겠어요?" "오십시오", "주사 맞으시겠습니다"와 같이 표현해야 한다.

다음과 같이 틀리는 것은 무식한 것이다.

"제가 몸소 체험하고 왔습니다." 존경의 어휘인 '몸소'는 본인에게 쓸 수 없다.

학교 폭력 피해자인 연예인 S양이 가해자인 다른 S양에 대해 SNS에 폭로 글을 올렸는데, 가해자에 대해 "그분이~"라고 쓴 것을 보았다. 동갑이고 가해자인데 "그분"이라니… 무조건 다른 사람을 높인다고 예의 바르고 경우 있는 것이 아니다.

어느 걸 그룹 멤버는 "대표님께서 저한테 여쭤보시더라고요."라고 하던데, '여쭤다'와 '여쭙다'는 높은 분께 묻거나 말할 때 쓰는 표현이다.

"저희 나라"는 외국인한테만 써라. 대한민국이 "저희 나라"가 되면 듣는 사람은 한국인이 아닌 것이다.

일상 대화에서는 필요치 않지만 혹시 방송을 하는 사람이라면 꼭 알아야 하는 존대법이 있다. 압존법(壓尊法)이란 것인데, 화자보다 상위자가 청자가 될 때 경어법의 사용이 보류되는 경우를 말한다. 어렵다. 군대 갔다 온 남자들은 확실히 안다. "대대장님! 중대장님께서 이렇게 말씀하셨습니다." 하면 대대장한테 죽는다. "대대장님! 중대장이 이렇게 말했습니다." 해야 한다. 아버지가 오늘 집에 돌아온다는 말을 자기 동생에게 할 때는 "○○야, 아버님께서 오늘 돌아오신대." 할아버지에게 말할 때는 "할아버님, 아비가 오늘 돌아온답니다."라고 말하는 것이 압존법이다.

그런데 이제는 일상생활에서 압존법은 사라진 것이나 마찬가지이다. 다만 방송인들은 지켜야 하는 이유가 방송에는 '전지적 시청자 시점'이란 것이 있기 때문이다. 출연자가 아무리 나이가 많아도 가장 높은 존재는 시청자이다. 시청자가 보는 앞에서 서로 극존대를 하는 모습은 시청자를 불편하게 만들 수 있다. 특히 아이돌, 걸 그룹 같은 10대 후반, 20대 초반 아이들이 방송에서 서로 "선배님~" 하면서 극존대하는 것을 보면 가관이다.

한 가지 더. 우리가 우리말을 더 아끼고 자긍심을 가지고 써야 하지 않을까? '고객님'보다는 우리말 '손님'이 조금 더 따뜻한 느낌을 줄 수 있다. '감사합니다'보다는 '고맙습니다'를 써보자. '감사합니다'가 더 공손한 표현이고 '고맙습니다'는 결례라고 생각하는 사람도 있던데 무식한 것이다. 어원인 '고마'는 '공경(하다)'의 순우리말로 억지로 고개를 숙이는 것이 아니라 공경하는 마음을 담은 예쁜 말이다.

외계어는 이제 그만! 럭셔리하고~ 엘레강스하고~ 핫하게~

"이번 스프링 시즌의 릴랙스한 위크엔드, 블루 톤이 가미된 쉬크하고 큐트한 원피스는 로맨스를 꿈꾸는 당신의 머스트 해브. 어번 쉬크의 진수를 보여줄 모카 비알레티로 뽑은 아로마가 스트롱한 커피를 보덤폴라의 큐트한 잔에 따르고, 홈메이드 베이크된 베이글에 까망베르 치즈를 곁들인 샐몬과 후레쉬 푸룻과 함께 딜리셔스한 브렉퍼스트를 즐겨보자."

내가 문해력이 딸리나? 이 원고를 작성하고 있는 워드 프로그램에서도 틀린 말을 뜻하는 빨간 줄이 안 쳐진 문장이 하나도 없을 정도이니 이것은 글에 문제가 있는 것이 맞다. 이 글을 읽으면서 여러분은 어떤 생각이 드는가?

몇 년 전에 한 디자이너가 패션업계의 언어 행태를 비판하면서 '보그병신체'라는 이름을 붙여 화제가 되었던, 아니 전국적인 조롱거리가 되었던 글이다. 특정 매체의 이름(보그)과 장애인 비하 표현이 들어갔지만 심각성을 지적하기 위해 그대로 적는다. '보그병신체'란 패션 잡지에서 한글 대신 외국어 단어를 소리 나는 대로 쓰고 조사만 갖다 붙인 문체를 일컫는다. 비판론자들은 주변의 비아냥에도 아랑곳하지 않고 패션업계가 이른바 '있어 보인다'는 이유로 계속해서 사용한다고 지적한다. '보그병신체'는 홈쇼핑도 점령했다. 럭셔리, 콜라보, 고데기, 아이롱, 볼륨감, 핫한 레드 등등 온갖 외국어, 외래어, 정체불명의 조어들을 남발하고 있다. 홈쇼핑의 쇼호스트로서 반성한다.

이뿐만 아니라 회사에서 상사와 부하 직원은 이런 말을 주고받는다고 한다. "오퍼레이션 로스의 파서빌리티가 있으니까 리포트해(운영자의 손실이 생길 수 있으니 점검해서 보고해)." 이른바 '은행 외계어'는 이렇다. "익영업일에 불입한 당발송금은 기설정된 계좌에 산입돼 처리됩니다(다음 영업일에 낸 외화 송금은 이미 설정된 계좌에 포함해 처리합니다)." 인문학자들이 쓰는 '인문학 외계어'도 있다. "나의 텔로스는 리좀처럼 뻗어 나가는 나의 시니피앙이 그 시니피에와 디페랑스 되지 않게 함으로써 그것을 주이상스의 대상이 되지 않게 컨트롤하는 것이다." 말로 먹고사는 나도 못 알아듣겠다. 한숨이 나오다 못해 짜증이 난다. 이런 글을 쓰는 자의 손등을 찰싹 때려주고 싶다.

이런 것을 언어사대주의라고 한다. 숙명여자대학교 최시한 교수는 "한국어와 외국어 사이에 계급이 형성된 지경에 이르렀다."라며 한탄하고, 한림대학교 김영명 교수는 "언론과 방송에 종사하는 사람들이 상업적으로 살아남으려다 보니 국어 발전보다는 시류에 영합하는 것 같다."라고 분석한다.

북한처럼 모든 말을 순우리말로 대체하자고 하는 것은 아니다. 이미 우리 생활에 깊숙이 들어온 외래어가 너무나 많고, 특히 패션 업계나 이미용 업계는 문화 자체가 외국에서 유래했기에 외래어, 외국어를 안 쓸 수 없다. 참고로, 외래어는 이미 한국어에 동화되어 한국어처럼 사용되는 어휘들을 말하기 때문에 사용에 아무런 문제가 없다. 문제는 외국어 오남용이다. 지나친 오남용은 앞의 사례처럼 조롱거리만 될 뿐이다. 소비자들의 수준도 높아져서 오히려 재수없고 천박하게 생각한다. 그러니 억지로 외국어를 가져다 써야 있어 보인다는 생각은 고치자는 것이다.

또한 일본어 잔재는 철저히 솎아내야 한다. 하긴 대통령 후보 입에서 '나와바리'라는 말이 나올 정도이니 민망하긴 하다. 대박 난 영화의 명대사 "우리가 돈이 없지 가오가 없냐?"도 씁쓸하다. 그래도 고쳐보자.

꼭 고쳐야 할 일본식 표현

일본식 표현	바람직한 표현	일본식 표현	바람직한 표현
18번	애창곡, 장기	만땅	가득, 가득 채움
가오	멋, 허세	무대뽀	막무가내
고지	알림	미싱	재봉틀
곤색	감청색, 진남색	밧데리	배터리
곤조	근성, 본성, 성깔	분빠이	분배
골덴	코듀로이	삐까삐까	번쩍번쩍, 반짝반짝
구가다	구식, 구형	사라다	샐러드
기도	문지기, 보안 요원	사바사바	아부, 아첨, 아양
기라성	별, 반짝반짝	셋셋세	짝짝짝
기스	흠, 상처	소라색	하늘색
기장	길이	쇼부	결판
나가리	깨짐, 허사, 무효	스키다시	곁들이 안주, 밑반찬
나와바리	영역, 구역, 세력권	엑기스	농축액, 진액
다라이	큰 대야, 함지박	엥꼬	바닥남, 떨어짐
땡땡이무늬	물방울무늬	잇빠이	가득
뗑깡	어리광, 투정, 생떼	함박스텍	햄버그스테이크
정신대(종군위안부)	일본군 위안부, 일본에 의한 성노예		
기라성 같은	내로라하는, 별처럼 빛나는		

품위 있게
말해요

대화는 사상의 배출구일 뿐만 아니라

성품의 출구이다.

__ 랄프 왈도 에머슨(시인, 사상가)

몇 년 전에 함께 방송하던 여자 후배가 바지를 판매하면서 "여러분 뒤에서 똥침 하려고 하면 엉덩이에 힘이 빡 들어가잖아요?" 하는데 경악을 금치 못했다. 'hip up' 이야기를 하려고 했단다. 평소 말버릇도 싼 티가 나더니 방송에서 사고를 치고 말았다. 어떤 쇼호스트는 방송 중에 "졸라 좋아요."라는 전설적인 어록을 남기기도 했다. 실화다.

사실 격 떨어지는 말은 정치인들이 가장 많이 쓰는 것 같다. 다른 계파를 향해 '암 덩어리', '바퀴벌레'라고 하지 않나, "미친 개는 몽둥이가 약", 대통령이라는 자가 "한국말 못 알아들으세요? 저하고 싸움하자는 거예요?" 할 정도이니 우리 딸아이가 뉴스를 보며 무얼 배우겠나 싶다.

앞에서도 '있어 보이는' 것에 대해 이야기했지만, 나이를 먹어가면서 어떤 것이 있어 보이느냐가 중요하다는 생각이 든다. 보통은 돈이 있어 보이고 싶어 한다. 그런데 사람은 품위가 있어 보이는 것이 정말 중요한 것 같다. 아니 실제로 품위 있는 것이 가장 중요한 것 아닐까? 이것은 돈의 문제가 아니다. 정치인, 대통령 후보 같은 사람들을 보라. 많이 배우고 돈이 많은 것과 품위는 상관이 없다.

품위는 '사람이 갖추어야 할 위엄과 기품'을 말한다. '고상함', '우아함'이라고도 한다. 그리고 그 위엄과 기품, 고상함과 우아함이 가장 잘 드러나는 것이 바로 '말'이다.

『말의 품격』을 쓴 이기주 작가는 "무심코 던진 말 한마디에 품격이 드러난다. 아무리 현란한 어휘와 화술로 말의 외피를 둘러 봤자 소용없다. 나만의 체취, 내가 지닌 고유한 인향(人香)은 내가 구사하는 말에서 뿜어져 나온다."라고 했다. 불교 경전 숫타니파타에는 "어리석은 사람은 말을 함부로 해 그 도끼로 자신을 찍고 만다."라는 구절이 있고, "생선을 싼 종이에서는 비린내가 나고, 향을 싼 종이에서는 향기가 난다."라는 말도 들어보았을 것이다.

정치인들이야 어떻게 말하든 우리가 알 바 아니고, 세일즈에 나서는 우리의 말은 정말 품위 있어야 한다. 세일즈와 품위가 무슨 상관인가? 싼 티 나게 말해도 잘만 팔면 그만 아닌가? 아니다. 우리는 '장사꾼의 말'이 아니라 '부자의 말', '귀인(貴人)의 말'을 써야 한다. 왜냐하면 내가 누누이 말했듯 쇼핑은 '환상 비즈니스'이기 때문이다. 환상은 위를 바라보는 것이다. 아래를 꿈꾸는 사람은 없다. 더 귀한 것을 먹고 싶고, 더 비싼 것을 갖고 싶고, 더 넓은 집에 살고 싶고, 상류층과 어울리고 싶다. 더 좁은 집, 더 지저분한 동네, 더 불량한 식품, 더 안 좋은 상품을 꿈꾸지는 않는다. 그래서 우리는 질 낮은 말을 사용해서는 안 된다. 더 높은 계층의 말을 구사해야 하는 것이다. 맞다. 자본주의에는 계층이 있다. 흔히 직업에는 귀천이 없다고 하는데 직업에도 있다. 말에도 역시 귀천이 있다.

첫 번째, 누가 들어도 싸 보이는 천한 말을 쓰면 안 된다. 비속어나 욕설은 말할 것도 없고, 표준어라고 점잖고 고상한 말만 있는 것이 아니다. '식겁하다', '조지다', '거시기', '꼬라박다', '후리다', '개기다'도 표준어다. '대가리', '주둥이'는 동물에게만 사용하는 표준어다. 건방지고 경박하고 싸 보이는 말은 평소에도 쓰지 않도록 노력하자.

두 번째, 혐오의 언어를 쓰지 말라. 남을 험담하지 말라는 것이다. 남을 험담하면 자신의 가치가 올라가는 것으로 착각하는 사람이 많은데, 자신도 남과 함께 떨어지는 것이다. 고객 앞에서 경쟁사, 경쟁 브랜드, 경쟁 상품을 험담하지 말라. 객관적인 비교만 하면 된다. 내 지인 중에 경쟁사에 대해 늘 "걔들은 원래 쌈마이잖아." 하고 폄하하는 사람이 있는데 자신이 '쌈마이'인 것은 모른다. 어느 정치인이 상대당을 향해 "뻔뻔하고 건방지기 짝이 없어 오만하고 막말하는 독불장군, 못된 버르장머리를 고쳐야 한다."고 쏘아붙였는데, 국민들은 그 말 그대로 자신을 평가한다는 것을 모른다.

세 번째, 상대를 높이고 배려하는 말을 구사하라. 앞에서 살펴본 존댓말을 말하는 것이 아니다.

옛날에 한 백정에게 두 선비가 오더니 한 명은 "어이, 백정 놈아! 쇠고기 한 근만 팔아라!" 하고, 다른 한 명은 "김 서방, 나도 쇠고기 한 근만 주게나." 했는데 두 고기의 양이 누가 봐도 차이가 나기에 첫 번째 선비가 "야, 이 백정 놈아! 같은 한 근인데 왜 이렇게 차이가 나느냐?" 했더니 "백정놈이 썬 고기와 김 서방이 썬 고기라 차이가 날 수밖에요." 하더란다.

말로 먹고살지만 하면 할수록 말은 신비롭다. 한 끗 차이에서 하늘과 땅만큼의 차이가 난다.

『어떻게 원하는 것을 얻는가』의 저자 스튜어트 다이아몬드 교수는 상대방에게 "제가 어떻게 도움을 드리면 되겠습니까?"라고 솔직하게 물어보라 했다. "당신은 뭐가 필요하십니까?"보다 배려 있는 말이다. 배려 있는 말은 겸손하다. 다른 사람의 입장이 되어보는 것, 그러기 위해 스스로 낮아지는 것, 때로는 지는 것을 감수하는 것. 이것이 배려. 결정권을 상대방에게 넘기는 것도 마찬가지다.

쇼핑을 할 때 "그 가방 좀 주세요."보다 "그 가방 좀 주시겠어요?", "그 가방 좀 볼 수 있을까요?"가 배려하는 말투, 겸양의 말투다. "이렇게 하세요."보다 "이렇게 하시겠어요?", "저라면 이렇게 하겠습니다."라고 말해 보자.

상대방의 공(功)으로 돌리는 것도 참 좋다. '덕분에', '네 덕에'를 습관화하면 주변 사람들이 당신을 더 좋아할 것이다.

사실 품위와 품격에 대해 이야기하는 것이 시대에 뒤떨어진 것이 아닌가 하고 느낄 때가 종종 있다. 이미 B급 문화가 세상을 점령했기 때문이다. 젊은 세대들에게는 품위가 무엇인지에 대한 감조차 없다. 일부러 가볍고 싸 보이게 말하는 세태도 보인다. 하지만 미셸 오바마의 말처럼 "저들은 저급하게 나와도, 우리는 품위 있게 가자." 행동과 말에서 배어 나오는 기품이야말로 다이아몬드이다. 어둠 속에서도 영롱하게 빛난다.

팁 하나. 노던 일리노이 대학교의 코리 쉐러 교수와 브래드 사가린 교수는 실험을 통해 대화 도중에 '끝내주게damn it' 같은 가벼운 비속어를 사용하면 화자에게 더 많이 공감하고 설득력이 높아진다는 사실을 밝혀냈다. 친분 있는 사이에서 가끔씩만 써보자.

구체적?
추상적?

"이 회사의 핵심 인재가 되기 위해 최선을 다하겠습니다." "차가운 머리와 뜨거운 가슴으로", "비상한 두뇌와 강철 같은 체력", "다양한 경험이 있다", "사교성이 뛰어난 편이다."

면접 심사위원을 할 때나 아카데미에서 면접 코칭을 할 때 이렇게 말하는 지원자는 나한테 눈물이 쏙 빠지게 핀잔을 받았다. 왜냐하면 이런 말들은 다 빈 깡통이기 때문이다. 대통령 후보가 TV 토론에서 발언을 한다. "앞으로 노력하면 잘될 거라 생각합니다." 축구 국가 대표가 A매치를 앞두고 인터뷰를 한다. "최선을 다해서 반드시 이길 수 있도록 하겠습니다." 홈쇼핑도 마찬가지다. "이 상품 참 좋아요." 다 빈 깡통이다. 도대체 뭐가 좋다는 것이고 무엇에 좋다는 것이고 누구한테 어떻게 좋다는 것인가? 최선을 다하겠다? 최선을 다하지 않는 사람이 있나? 얼마나 해야 최선인가? 나의 최선과 다른 사람의 최선은 어떻게 다른가? 실체가 없는 말은 말이 아니다. 우리는 시를 쓰는 사람들이 아니다. 이런 말은 시간 낭비, 체력 낭비, 성대 낭비, 고막 낭비다. 구체적이지 않기 때문이다.

'구체적(具體的)'이란 '사물이나 현상이 일정한 모습을 갖추고 있는 것'을 뜻한다. 반대로 '추상적(抽象的)'이란 '일정한 형태와 성질을 갖추고 있지 않은 것'이다. '사실이나 현실과 동떨어져 막연한 것'을 의미하기도 한다.

추상화를 보고 작가의 의도를 단박에 이해할 수 있을까? 추상은 막연한 것이다. 원래 사람의 뇌는 추상적인 것을 잘 이해하지 못한다고 한다.

반면 세일즈 스피치는 실용적인 말이다. 실용적인 말은 철저하게 구체적이어야 한다. 광고계의 전설 데이비드 오길비는 "듣는 이가 언어 상황을 이미지로 받아들이도록 말해야 한다."고 했다. 설득 컨설턴트 커트 모텐슨의 "설득의 달인은 말로 그림을 그리는 재주가 있다."는 말도 똑같다.

듣는 이가 머릿속에서 그림을 그릴 수 있어야 한다. 마음속에 그림을 그리게 되고, 그 상황에 자신을 대입하게 되고, 자신도 모르게 같은 감정을 느끼게, 즉 공감하게 된다는 것이다.

최선을 다한다는 말을 그림으로 그려보라! 열심히 노력하겠다는 말을 그림으로 그려보라!

잠을 매일 몇 시간을 잘 것인지, 하루에 몇 킬로미터를 달릴 것인지, 하루에 스윙을 몇 개 할 것인지, 하루에 몇 시간 동안 책을 볼 것인지, 일주일에 몇 개의 레시피를 완성할 것인지, 한 달에 얼마의 매출을 올릴 것인지, 몇 개를 팔 것인지, 고객 누구누구를 만날 것인지, 언제 어디서 만날 것인지… 이런 구체적인 것들이 들어가야 비로소 세일즈 스피치가 되는 것이다.

사실, 사례, 숫자, 날짜, 이름, 지명, 고유명사 같은 것들이 들어가면 구체적인 말이 된다.

- 이 제품은 해외에서도 많은 사랑을 받고 있습니다.
⋯➔ 이 제품은 세계 72개국에 수출해서 매년 1,200억 원의 매출을 올리고 있습니다.

- 이 시스템을 도입하면 인건비가 크게 줄어듭니다.
⋯➔ 이 시스템을 도입하면 인건비가 최대 45%까지 줄어듭니다.

- 최선을 다해서 도와드리겠습니다.
⋯➔ 전화만 하시면 24시간 전국 어디든 30분 내로 달려와서 도와드리겠습니다.

- 이 정책이 시행되면 일반적인 대학생들은 300만 원 이상의 장학금 혜택을 받을 것입니다.
⋯➔ 이 정책이 시행되면 충남 ○○대학교 3학년 김철수 군은 1년 두 학기에 걸쳐서 354만 원의 국가 장학금을 받게 됩니다. 지난해보다 74만 원이 늘어난 혜택입니다.

구체적인 사례나 이름, 수치만으로도 효과적이지만 비교, 비유할 경우 더 피부에 와 닿듯 실감할 수 있다.

- 30만 제곱미터
···▸ 여의도 면적의 100배

- 우리나라 탈모 인구가 1천만 명
···▸ 서울시민 전체가 탈모라고 생각해 보세요.

- 선일금고 도난 방지 경보음 120dB
···▸ 기차 지나가는 소리 80dB, 자동차 경적 소리 100dB보다 훨씬 큰 소리입니다.

2001년 애플이 아이팟을 처음 공개했을 때 용량이 5GB였다. '5GB'도 구체적인 숫자이지만 딱 와 닿지는 않는다. 스티브 잡스는 "1,000곡의 노래를 담을 수 있다."고 한 마디로 정리했다. 게다가 무게가 180g밖에 안 되고 크기도 작아서 "주머니에 쏙 들어간다."며 실제로 주머니에서 꺼내는 모습을 보여줬다. 와 닿지 않던 5GB라는 숫자가 '주머니에 쏙 들어가는 1,000곡'이란 이미지로 사람들의 뇌리에 박힌 순간이다.

이렇듯 구체적인 세일즈 스피치는 실제로 성과 면에서 엄청난 차이를 보여준다. 매일매일 방송 현장에서도 실감하고 있다.

영화 〈어벤져스 엔드 게임〉에서 아이언맨의 딸이 "3000만큼 사랑해."라는 대사로 역대급 귀염을 받았다. 내게도 상당히 인상적이었다.

감성적인 '사랑'에 숫자를 대입하다니. 어린아이 수준에서 3000은 어마 어마하게 큰 숫자, 아마도 알고 있는 가장 큰 숫자였을 것이다.

참고로 숫자는 정확할수록 구체적이다. 200만보다는 245만이 더 구체적으로 들린다.

인사하고 안부를 물을 때도 조금 더 구체적으로 들어가자. "잘 지내시죠?" "네, 잘 지냅니다."로 끝내지 말고 "둘째 학교 갔다면서요?" "아버님 병환은 좀 괜찮으세요?" "지난번 프로젝트는 잘됐나요?" "결혼 준비는 어떻게 하고 계세요?" 같은 구체적인 질문을 던지면 더 깊은 대화로 이어질 수 있다.

우리
KISS할까요?

효과적인 커뮤니케이션에 관한 한 작은 것이 큰 것을 이기고,

짧은 것이 긴 것을 이기고, 단순한 것이 복잡한 것을 이긴다.

__ 프랭크 런츠(『먹히는 말』 저자)

　　직업상 결혼식 사회를 자주 본다. 거의 100번은 본 듯하다. 그중에 한 선배 쇼호스트의 결혼식은 정말 최악이었다. 주례사만 정확히 58분! 신랑과 신부가 식은땀을 흘리다 쓰러지기 직전까지 갔다. 나중에 신부였던 선배에게 물어보았다. 주례사 중에 기억나는 말이 있는지. 선배에게 맞을 뻔했다. 58분이나 결혼 생활에 대한 충고와 조언을 했는데 신랑, 신부가 하나도 기억하지 못하면 주례사를 왜 하는 것일까? 조회 시간에 교장 선생님의 훈화는 또 어땠나? 영화 〈클래식〉에서처럼 쓰러지는 학생들도 진짜 있었다. "설교가 20분을 넘으면 죄인도 구원받기를 포기한다."라는 마크 트웨인의 말이 떠오른다.

　　얼마 전 방송 준비 미팅 때의 일이다. 5년 전부터 매년 방송해 오고 있

는 평범한 전기 매트 제품 관련 미팅에 수입업체 대표가 직접 참석을 했다. 늘 젊은 직원들이 왔었는데. 나이 지긋한 업체 대표님은 브랜드 자랑, 제품 특징, 이탈리아 다녀온 얘기 등을 두서없이 왔다 갔다 하면서, 한 10분이면 끝났을 미팅을 혼자서 한 시간 가까이를 꽉 채우는 것이었다. 너무 많은 이야기를 들었는데 머릿속에 정리는 하나도 안 되는 미팅이었다. 오죽하면 20년 경력의 PD가 업체 대표님을 앞에 두고 대놓고 '어지럽다'고 탄식할 정도였으니까.

이렇게 지루하고 짜증 나는 상황에서 세상을 구해 주는 것이 키스다. 키스를 할 땐 두 사람이 고개를 45도 정도 기울이고 눈을 감고 호흡은 코로만⋯ 이게 아니고 "Keep It Short & Simple!(짧고 단순하게!)" 말은 무조건 짧고 단순해야 한다는 것이다.

'KISS의 법칙'은 말하기의 모든 법칙 중에서 가장 기본이고 가장 중요한 법칙이다. 먼저 위대한 키스의 화신들을 알아보자.

영국 수상 윈스턴 처칠의 1941년 옥스퍼드 대학교 졸업식 축사는 "Don't give up!", "Never give up!", "Don't you ever and ever give up!" 이 단 세 문장이었지만 가장 근사한 졸업식 축사로 아직도 회자되고 있다.

해방 이후 시인이자 국문학자이면서 천재에 기인으로 유명했던 양주동 박사의 결혼식 주례사는 "잘 먹고 잘 살아라!" 딱 한 마디였다.

스탠퍼드 대학교 학생이던 세르게이 브린과 래리 페이지는 벤처캐피털 투자자 앞에서 "구글은 누구나 쉽게 구할 수 있도록 세상의 모든 정보를 정리합니다."라는 한 줄 사업 설명으로 투자를 받아 세계 최고의 기업 구글을 키울 수 있었다.

세상은 너무나 빠르게 변하고 있다. 상투적인 표현이 아니다. 진짜 너무나 빠르고 급해졌다. 이제는 무선 인터넷의 속도 5G도 답답할 때가 있다. 유튜브 영상은 한 5분 보는 것도 지루해서 처음부터 아예 빨리 돌려서 편집한다. 음악도 한 10초 도입부만 들어보고 맘에 안 들면 넘어간다. 작곡자들과 제작자들은 그래서 노래 도입부에 엄청난 정성을 쏟는다고 한다. 6초짜리 뉴스, 72초짜리 드라마도 나왔다.

세일즈 스피치도 그렇다. 홈쇼핑 쇼호스트나 라이브 커머스 진행자들은 실감할 것이다. 말을 많이 할수록 고객은 당신의 말을 듣지 않는다. 말을 많이 한다고 매출이 올라가지도 않는다. 그래서 말이 많은 세일즈맨은 최악의 실적을 기록하기도 한다.

신입 쇼호스트들은 방송을 위해 공부를 엄청나게 하고 온다. 상품 하나에 책 한 권은 만들어 오는 것 같다. 어마어마한 자료에다 방송 중에 할 말을 대본으로 만들어 오기도 한다. 방송 준비와 공부가 잘못되었다는 것이 아니다. 당연히 준비해야 한다. 그런데 그걸 다 말하려는 것이 잘못되었다는 것이다. 그런 신입들에게 내가 제일 자주 하는 말이 있다. "버려!"

방송 아카데미에서 아나운서나 쇼호스트 지망생들을 교육할 땐 프레젠테이션과 자기소개를 중점적으로 훈련시킨다. 프레젠테이션은 시간 제한 없는 자유 PT, 5분 PT, 3분 PT, 1분 PT, 자기소개 역시 5분, 3분,

1분, 30초짜리를 따로 시켜본다. 정말 놀라운 것은 30년 가까이 살아온 사람이 자기 인생에 대해 5분 이야기하는 것도 버거워한다는 것이다. 30년 인생살이 이야기를 하려면 정말 축약해서 풀어도 3박 4일은 해야 하지 않나? 그것을 5분 안에 정리하라는 것이 정말 미치고 펄쩍 뛸 노릇이지. 3분, 1분으로 줄어들수록 난이도는 더 극악이다.

어느 아나운서는 7분 이상 말을 할 수 있어야 스피치가 되는 것이라고 하던데, 수천 명의 학생을 트레이닝해 본 결과 조금만 연습하면 누구나 한 시간이고 두 시간이고 말할 수 있다. 진짜 어려운 것은 그렇게 한 시간이고 두 시간이고 말할 것을 5분 안에 정리하는 것이다. 나는 1박 2일 동안 잠자고 밥 먹는 시간 빼고는 쉬지 않고 행사 진행을 해본 적도 있다. 길게 말하는 것, 오래 말하는 것은 아무것도 아니다. 짧게 말하는 것이 너무나 어렵다. 마크 트웨인은 "나는 편지를 짧게 쓸 시간이 없어서 길게 썼다."라고 했다. 평생 글만 쓴 작가에게도 짧게 쓰는 것이 어렵다는 말이다.

역설적이게도 말을 짧게 하려면 대본을 쓰는 것이 가장 좋은 방법이다. 짧은 시간에 주제를 풀어내려면 키워드 몇 개만 고르도록 하라. 내가 30초나 1분짜리 자기소개를 한다면, '암을 극복하고 5조 원 매출을 올린 22년 차 쇼호스트'라는 키워드에 살만 조금 붙이면 된다. 여러분의 회사 소개, 브랜드 소개, 상품 소개 내용을 30초짜리, 1분짜리, 3분짜리 대본으로 써보라. 대본을 쓸 때는 앞에서 이야기한 것처럼 철저히 구어체로 써야 한다.

대본을 쓰고 연습하면 부수적인 효과로 우리의 말에 끼어 있는 찌꺼기들을 청소할 수 있다. 말에 찌꺼기가 없는 사람은 별로 없다. 우리말의 7대 찌꺼기는 '어, 그, 저, 이제, 저기, 그러니까, 거시기'이다. "우리가 이제 여기에서 이제 회의를 하려고 이제~" 이런 식이다. 신경 써서 내 말버릇을 돌아보고 찌꺼기를 제거해 말을 정갈하게 만들어보자.

짧은 것뿐만 아니라 단순해야, 즉 쉬워야 한다는 것도 중요하다. 쇼호스트로서 첨단 가전제품이나 IT 기기를 소개할 때 늘 고민이 되는 부분이다. 그럴 때마다 스티브 잡스의 아이폰 프레젠테이션이 답을 보여준다.

"모든 버튼을 없애고 하나의 큰 스크린을 만들었습니다. 거대한 스크린입니다. 이걸 어떻게 조작할까요? 마우스를 들고 다닐 수는 없잖아요? 우리는 최고의 포인팅 기기를 쓸 겁니다. 우리 모두가 태어날 때부터 가지고 있는 것이죠. 10개씩 있는 손가락 말입니다. 그냥 터치하기만 하면 됩니다."

유치원생도 알아들을 수 있을 정도가 아닌가? 그가 만약 "감압식 터치스크린 방식으로 유리판과 필름에 조금 틈을 두고 투명 전극막을 붙였습니다. 이 필름 표면을 누르면 필름 쪽과 유리 쪽의 전극끼리 접촉해서 전기가 흐르죠. 이게 터치스크린이고요. 두 손가락을 동시에 사용하는 핀치아웃 방식의 멀티터치 기능까지 더해서…"라고 했다면, 그건 스티브 잡스가 아니었겠지. 개발자나 판매자는 '지식의 저주'를 조심해야 한다. 내가 알고 있는 것은 고객도 알고 있을 것이라 착각하는 것 말이다.

대니얼 카너먼은 『생각에 관한 생각』에서 "믿을 수 있고 지적인 인상을 주고 싶다면 쉬운 말을 쓸 수 있는 상황에서 어려운 말을 쓰지 말라."라고 했다. 전문 용어나 미사여구는 상대방에게 잘난 척해서 나를 비호감으로 느끼게 하고 싶을 때 쓰면 즉효다.

단순함에 대한 잡스의 철학은 '애플'이라는 이름에서도 드러난다. 보통 애플을 세상에 처음 탄생한 유일한 개인용 컴퓨터로 생각하는데, 시장 초창기에 이미 다섯 종류의 컴퓨터가 경쟁 중이었다. 애플 II, 코모도어 펫^{Commodore Pet}, IMSAI 8080, MITS 알테어 8800, 라디오 색^{Radio Shack} TRS-80. 이름만 봐도 애플만 살아남은 이유를 알 것 같다. "복잡함은 당신의 적이다. 어떤 바보도 무언가를 복잡하게 만들 수 있다. 단순하게 만드는 것이 정말 어려운 일이다." 영국 최고의 기업가 리처드 브랜슨 버진그룹 회장의 말이다.

대학생 때 본 영화 〈나의 사촌 비니〉에 나온 변호사는 증인이건 배심원이건 질문을 던질 때마다 "어린아이에게 이야기하듯 말씀해 주시겠습니까?"라고 시작했다. 당시에도 참 인상 깊은 대사였는데 지금도 잊지 않고 실행하려고 노력한다.

거듭 강조하지만 사람의 뇌는 짧고 단순한 말에 쉽게 설득된다. 당신이 하려고 하는 말을 적어보라. 걷어내고 걷어내서 핵심만 남을 때까지 줄여보라. 'KISS의 법칙'과 뒤에 나오는 '3의 법칙', '스토리텔링'을 참고하면 짜임새 있고 정갈한 대본을 쓸 수 있을 것이다.

한 가지 더. "꺼진 불도 다시 보자", "버릴 땐 1초, 썩는 덴 100년", "자연은 1회용이 아니다." 같은 캠페인 문구들처럼 한 마디로 사람들의 마음을 움직이는 문장들이 있다. 일본에서는 '자살 명소'로 유명한 곳에 팻말을 하나 세웠더니 자살률이 절반으로 뚝 떨어졌다고 한다. "잠깐만 기다려! 하드 디스크는 지우고 왔니?" 도대체 하드 디스크에 뭐가 들어 있었을까? "여행은 가슴이 떨릴 때 하는 거지, 다리가 떨릴 때 하는 게 아니다." 같은 문장도 자주 회자된다. 그중에서 광고 카피가 가장 앞서가는 듯하다. "침대는 가구가 아니다. 과학이다.", "먹지 마세요. 피부에 양보하세요.", "남자는 여자 하기 나름이에요.", "골라 먹는 재미가 있다.", "열심히 일한 당신 떠나라!" 같은 카피는 제품보다 유명하다.

나를 표현하는, 내 가게를 표현하는, 내 제품을 표현하는 짧고 단순한 카피를 고민해 보자. 고객의 뇌에 착 달라붙는 짧고 단순한 메시지가 여러분을 부자로 만들어줄 것이다.

'왜냐하면'의 효과

내가 방송을 할 때 말하는 것을 유심히 들어보면 남들보다 유달리 '왜냐하면'을 많이 사용하는 것을 눈치챌 수 있을 것이다. 이 책에서도 곳곳에 '왜냐하면'이 나오는 것을 발견할 수 있을 것이다. 나는 '왜냐하면'을 즐겨 쓴다. 왜냐하면 이 '왜냐하면'은 설득을 할 때 성공률을 높여주는 마법의 단어, 일종의 치트키이기 때문이다.

하버드 대학교 사회심리학자 엘런 랭어 교수의 실험을 통해 밝혀진 사실로, '왜냐하면 효과(because effect)'라고 한다.

도서관 복사기 앞에 줄을 서고 있는 사람들에게 양해를 구하고 먼저 복사를 하는 실험인데 다음 세 가지 말로 부탁을 하였다.

1. 제가 먼저 복사기를 사용하면 안 될까요?
2. 제가 먼저 복사기를 사용하면 안 될까요? 왜냐하면 제가 지금 굉장히 바쁜 일이 있거든요.
3. 제가 먼저 복사기를 사용하면 안 될까요? 왜냐하면 제가 꼭 복사를 해야 하거든요.

결과는

1. 60%의 승낙률
2. 왜냐하면 + 정당한 이유 → 94%의 승낙률
3. 왜냐하면 + 말도 안 되는 이유 → 93%의 승낙률

2번과 3번이 거의 차이가 없는 것이 충격적이지 않은가? 사람들은 상대방의 말을 필요한 만큼만 듣는 경향이 있기 때문이다. '왜냐하면'이라는 말이 나오면 으레 타당한 이유가 있을 것이라 지레짐작해 뒤따르는 말은 잘 듣지도 않고 승낙을 한다는 것이다. '왜냐하면'은 '자동적 승낙'을 부르는 마법의 단어인 것이다.

그럼 '왜냐하면'을 쓰려면 어떻게 하면 될까? 문장의 순서만 바꾸면 된다.

- 넌 내 아들이니까 엄마는 널 사랑한다.
⋯ 엄마는 널 사랑해. 왜냐하면 내 아들이니까.

- 지금 기다리는 분들이 너무 많습니다. 자동 주문 전화를 이용해 주세요.
⋯ 지금은 자동 주문 전화를 이용하시는 것이 좋겠습니다. 왜냐하면 기다리는 분들이 많거든요.

- 오늘 좋은 생선이 들어왔어요. 그래서 이 메뉴를 권해 드립니다.
⋯ 오늘은 이 메뉴를 권해 드립니다. 왜냐하면 오늘 좋은 생선이 들어왔거든요.

- 손님 얼굴이 훨씬 밝아 보이게 하는 데는 이 컬러가 더 나을 것 같아요.
⋯ 이 컬러가 더 나은 것 같아요. 왜냐하면 손님 얼굴이 훨씬 밝아 보이거든요.

- 오늘까지 세일입니다. 오늘을 놓치지 마세요.
⋯ 오늘을 놓치시면 안 되겠는데요. 왜냐하면 세일이 오늘까지거든요.

오늘부터 당신의 말에 이 '왜냐하면'을 넣는 연습을 해보라. 그리고 '왜냐하면 효과'는 마지막에 나오는 스토리텔링과도 연관이 있으니 꼭 기억하길 바란다.

별처럼 빛나는
침묵의 순간, 포즈(pause)

말을 위대하게 만들어주는 것은

순간의 정적이다.

__ 랠프 리처드슨(영국 배우)

2011년 1월 미국 애리조나에서 22세 남성의 총기 난사로 6명이 사망한 사건이 터졌다. 희생자들 중에는 여덟 살 난 여자아이도 있었다. 희생자들을 위한 추모식에서 오바마 대통령은 여덟 살 크리스티나를 언급하며 "나는 우리 민주주의가 크리스티나가 상상한 것과 같이 좋았으면 합니다. 우리 모두는 아이들의 기대에 부응하는 나라를 만들기 위해 최선을 다해야만 합니다." 그리고 이어진 51초 동안의 침묵. 〈뉴욕 타임스〉는 '오바마 재임 기간 중 가장 극적인 순간으로 기억될 것'이라는 논평을 냈고, 오바마의 정적들조차 '오바마 최고의 연설'이라 극찬했다. 스피치의 신인 오바마가 51초 동안의 침묵을 의도한 것인지, 아니면 실제로 감정이 복받친 것인지 알 수 없지만, 그 51초 동안 오바마는 침묵

속에서도 국민들과 커뮤니케이션을 계속하고 있었다. '잠시 먼 곳을 응시했다가 다시 청중을 바라보고 한숨을 내쉰다, 원고를 한 번 내려다보고 반대편 청중을 바라보고 입술을 깨문다.' 어린아이의 죽음에 대한 슬픔, 유가족에 대한 위로와 공감, 국민을 향한 희망과 다짐까지 그 침묵 속에서 오바마는 메시지를 전하고 있었던 것이다. "가장 깊은 감정은 침묵 속에 있다."는 미국의 영성 지도자 토머스 무어의 말과 "시의적절한 침묵은 말보다도 좋은 웅변"이라는 영국 작가 마틴 터퍼의 말처럼 침묵으로 최고의 공감 스피치를 보여주었다.

프레젠테이션의 대가 스티브 잡스도 신제품 발표 프레젠테이션 도중에 말을 툭 끊고는 했다. 청중은 순간 당혹감과 궁금증과 기대감으로 숨 쉬는 것도 잊을 정도였다. 그러니 그 뒤에 이어진 말의 폭발력이 얼마나 컸겠는가?

훌륭한 연설가들은 이렇게 이야기 중간에 짧은 포즈를 줌으로써 극적인 효과를 더 극대화한다. 그리고 청중의 관심을 끄는 의도된 포즈는 늘 성공한다.

흔히 쇼호스트라고 하면 '어쩌면 그렇게 말을 잘하는지 청산유수같이 끝없이 이야기를 한다.'고들 생각한다. 내가 홈쇼핑을 보고 있어도 '디테일'이라고 부르는 한 꼭지를 8~10분 정도 쉼 없이 달리니 대단하다는 생각이 든다. 하지만 앞의 'KISS의 법칙'에서도 말했듯이 말을 많이 하는 것, 말을 길게 하는 것은 어려운 일이 아니다. 오히려 이렇게 쉼 없이 말을 많이 하면 듣는 사람들은 어지럼증을 호소하기도 한다. 나는 예전 하수 시절에 포즈 기법을 기가 막히게 잘 사용하던 몇몇 고수 선배를 보고 따라 하다 포즈의 위력을 깨달았다. 홈쇼핑 방송에서 소리가 안 나오면 뭔가 잘못된 것이라는 강박이 있는 피디들은 "왜 마가 뜨냐?"면서 말을 재촉하기도 했다. 포즈의 유용함을 모르는 것이다. "더 많은 커뮤니케이션이 설득에 늘 도움이 되는 것은 아니다. 사실 당신이 더 적게 말할수록 사람들은 당신이 더 현명하다고 생각한다. 많이 말할수록 당신은 자신조차 통제하지 못하는 별 볼 일 없는 사람으로 비칠 뿐이다." 설득 컨설턴트 커트 모텐슨의 말을 기억하라.

포즈 기법은 세 가지 목적으로 사용된다.

첫 번째는 상대방이 확실하게 이해하기를 원하는 경우다. 뇌과학의 관점에서 보면 새로운 지식이나 정보가 뇌에 입력될 때까지는 시간이 필요한데, 쉴 새 없이 또 다른 지식이나 소음이 들어가면 이전의 지식과 정보는 날아가 버린다고 한다. 뇌에 입력할 시간을 줘야 한다.

두 번째, 자신이 침묵하는 동안 상대방이 말하도록 해야 하는 경우다. 입 다물고 듣는 것, 다음 장인 '공감은 힘이 세다'와 연결되는 내용이다. 잠수함 영화 〈크림슨 타이드〉에서 함장(진 해크먼 분)은 신임 부함장(덴젤 워싱턴 분)을 칭찬한다. "좋았어, 헌터. 나불대지 않고 침묵하면서 경치를 즐길 줄 아는군. 대부분의 좀 안다고 하는 놈들은 나불대기만 하지. 자네 점수 좀 땄네." 입 다물고 듣는 것이 얼마나 중요한지 다음 장에서 더 깊이 알아보자.

마지막으로, 포즈 뒤에 나오는 내용을 더 강조하고자 하는 경우다. 스티브 잡스의 예처럼 뒤에 나오는 말의 극적인 효과는 말도 안 되게 높아진다. 나도 이 목적으로 포즈를 가장 많이 사용한다. 정말 중요한 내용을 말할 때 그 말의 앞과 뒤에 포즈를 넣어보라. 중요한 내용은 한 음절 한 음절 똑똑히 발음하라. 상대방의 주목도가 최고로 높아진 상태에서 당신이 전하는 핵심은 상대방의 뇌와 가슴에 새겨질 것이다.

중요한 내용을 전하는 또 다른 기술이 있다. 점점 목소리가 커지면서 긴장을 고조시키다가 딱 멈춰서 침묵한다. 잠깐의 포즈가 지난 뒤 잘 들리지도 않을 정도의 목소리로 속삭인다. 마치 '너에게만 비밀을 알려줄게.' 하는 것처럼 손바닥으로 가리면서.

세일즈 스피치나 프레젠테이션, 방송을 진행할 때는 물론이고 일상 대화에서도 포즈 기법을 사용해 보자. 대화 상대방의 주목을 끌게 되고, 대화의 효용성과 성과뿐 아니라 말의 격도 올라간다.

공감은
힘이 세다

공감은 힘이 세다. 강한 위력을 지녔다. 쓰러진 소도 일으켜 세운다는
낙지 같은 힘을 가졌다. 공감은 돌처럼 꿈쩍 않던 사람의 마음을 움직인다.
경각에 달린 목숨을 살리는 결정적인 힘도 가졌다.
치유의 알파와 오메가가 공감이라고 나는 믿는다.

__ 정혜신(『당신이 옳다』 저자)

이 책을 쓰면서 '모모'를 떠올린 것은 자연스러운 일이었다. 커뮤니케
이션과 세일즈 전문가로서 내가 늘 닮아가고 싶은 롤 모델이었기 때문
이다. 20세기 최고의 소설 중 하나로 선정된, 미카엘 엔데가 쓴 『모모』
의 주인공 모모는 낡아빠진 헐렁한 셔츠를 입고 까만 고수머리를 까딱
이며, 사람들이 무슨 말을 하든 끝까지 잘 들어주는 탁월한 재능을 지
닌 꼬마 현자로 묘사된다. 당연히 모모는 마을 사람 모두의 사랑을 받
는다. 현실에 이런 친구 한 명만 있으면 평생 외롭지 않겠다. 누구나 '베
프'(베스트 프렌드)로 삼을 것이다. 인간이라면 누구나 누군가 내 이야기
를 들어주기를 바라는 마음이 가득하다. 그래서 잘 들어주는 사람은 언
제 어디서나 특별한 사람이 된다. 나도 모모처럼 다른 사람의 이야기를

잘 듣는가 종종 되돌아보지만 아직 멀었다.

래리 킹의 책에 나오는 이야기다. 두 사람이 만나서 대화를 하는데, "안녕하세요! 잘 지내시죠?" "응, 글쎄… 내가 폐암에 걸려서…." "어머 잘되셨네요!" 설마 실화는 아니겠지 했으나 실화다. 이 정도는 아니라도 비슷하게 건성으로 듣는 사람이 주변에 의외로 많을 것이다. 대부분의 사람은 대화에서 상대방의 의중을 파악하기 보다 자신의 답을 준비하기 바쁘기 때문이다.

『성공하는 사람들의 7가지 습관』의 스티븐 코비는 듣기의 중요성을 다음과 같이 강조했다. "성공하는 사람과 그렇지 못한 사람의 대화 습관엔 뚜렷한 차이가 있다. 그 차이를 단 하나만 들라고 한다면 나는 주저 없이 '경청하는 습관'을 들 것이다."

스티브 잡스는 1997년 애플에 복귀하면서 'CLO Chief Listening Officer', 즉 '최고 경청자'라는 직함으로 불리길 원했다고 한다. P&G의 전성기를 이끈 앨런 래플리 회장은 "직원들과 이야기할 때 대화 시간의 2/3를 듣는 데 투자한다. 그렇게 함으로써 반대하는 사람들의 목소리를 가라앉히고, 많은 사람을 내 편으로 이끌어낸다."라고 했다.

이스턴 켄터키 대학교 마리안 램지 교수는 자동차를 구입한 500명에게 설문 조사를 했는데, 이야기를 잘 들어주는 세일즈맨에게 신뢰를 느껴서 차를 구매했다는 소비자가 49%에 달했다. 잘 듣는 사람이 성공한다는 증거는 차고 넘친다. 2,000년 전 그리스 철학자 에픽테토스가 "자연이 인간에게 하나의 혀와 두 개의 귀를 준 것은 말하는 것보다 두 배는 더 들으라는 것이다."라고 한 것이나, 그보다 앞서『논어』에서 '이청득심(以聽得心)', 즉 "귀를 기울여 들으면 사람의 마음을 얻을 수 있다."라고 한 것으로 보아도 경청은 아주 오래전부터 중요한 덕목이었다. "말하는 것은 기술이지만 듣는 것은 예술"이란 말까지 있지 않은가.

당신은 어떤가? 잘 듣는 사람인가?

일단 듣는다는 것도 그리 단순하지 않다. 듣기는 여러 단계로 작용한다. 먼저 듣는 것으로 정보를 얻는 것은 가장 표피적인 기능이다. 그다음은 정보 이면에 있는 깊은 의미를 아는 것, 그리고 말하는 사람의 감정을 이해하는 것, 마지막으로 그 감정을 공유하는 것이 바로 공감(共感)이다. 따라서 듣기에도 기술과 연습이 필요하다.

듣기에는 두 가지 종류가 있다. 그냥 잠자코 듣는 수동적 듣기hearing와, 상대방의 말에 귀를 기울이고 맥락을 이해하면서 적절하게 반응하는 능동적 듣기listening, 즉 경청(傾聽)이다.

심리학의 연구에 따르면 사람들은 누군가가 자기 얘기를 경청한다고 느낄 때 자기 자신의 생각과 감정을 솔직하고 분명히 밝히는 경향이 있다. 방어적이고 대립적인 심리 상태였더라도 경청을 통해 마음을 열고 더 깊은 대화로 들어갈 수 있다는 것이다. 따라서 첫 단계는 주의를 기울여 듣는 것이 중요하다. 서로 대화를 나눌 때 이론적으로는 7:3의 법칙을 따르는 것이 좋다. 상대방이 70%의 대화 점유권을 가지도록 배려하고 그 시간 동안 집중해서 듣는다. 스티븐 코비는 1분 말하고 2분 경청하고 3번 맞장구 치는 '123법칙'을 권하기도 했다.

그다음이 리액션이다. 가만히 듣기만 하면 상대방은 당신이 귀 기울여 듣는지, 딴생각을 하는지 알 수 없다. 그래서 끊임없이 당신이 집중해서 듣고 있다는 신호를 보내야 한다. 리액션은 보디랭귀지, 맞장구, 연결 언어의 세 가지가 이어져야 한다.

첫 번째 보디랭귀지. 앞에서 학습한 비언어적 커뮤니케이션으로, 친밀감을 형성하고 호감을 가지게 만든다. 눈 맞추기, 배꼽의 법칙과 함께 틈틈이 고개를 끄덕끄덕하면서 적극적으로 수긍하라. 내용에 따라 함께 웃거나 미간을 찡그리는 등 얼굴 표정도 빠지면 안 된다. 보디랭귀지는 상대방이 말을 하는 동안에도 끊임없이 신호를 보낼 수 있는 수단이다. 다른 두 가지는 상대방의 말이 끊어진 순간에만 개입할 수 있다.

다음은 맞장구다. 우리 판소리에서 고수가 "그렇지", "얼씨구", "좋다" 하면서 흥을 띄우는 것이 맞장구다. 관심과 흥미, 동의를 나타내는 말이나 감탄사를 사용한다. '우아!', '어머!', '이런…', '아…', '대박!', '네~', '맞습니다', '그렇죠', '당연하죠' 같은 말들이 있다.

심리학자 김정운 교수는 인간의 가장 큰 욕구는 "감탄하고 감탄 받는 것"이라고 했다. 바로 '감탄의 미학'이다. 대화에서도 감탄사의 효과적 사용은 '감탄의 미학'을 고양시킨다.

KAIST 뇌과학자 김대식 교수는 원숭이들이 서로 이를 잡아주고 털을 골라주는 행위가 인간의 대화와 같다고 했다. 그것이 진화해서 지금 여성들이 카페에 네다섯 시간 앉아서 수다를 떠는 행위가 되었다는 것이다. 가까이서 들어보면 리액션의 성찬이다. 서로 끊임없이 고개를 끄덕이며, '어머 어머'가 제일 많다. "어머 어머 정말이니?" "어머 어머 좋겠다~" "어머 어머 미친 거 아니니?" 여성들의 이 끝없는 리액션은 배워야 하는 예술이다. 여성들의 소통 능력은 진심으로 감탄스럽고 부럽다.

한 여성 후배가 만능 맞장구 방법이라고 알려준 것이 '아 진짜?'이다. '아 진짜?' 하나면 어떤 상황에서든 공감을 표할 수 있다는 것이다. 실제로 '짜'의 높낮이만 조절하면 웬만해선 통한다. 신통방통한 표현이다. 말 높이는 사이에서는 '아 정말요?'면 된다.

홈쇼핑 방송에서는 주로 두 명의 쇼호스트가 함께 방송을 진행한다. 대개 선배와 후배, 그래서 메인과 서브로 나뉘지만, 이상적인 역할은 주도권을 번갈아 쥐는 것이다. 뒤의 '3의 법칙'에 나오는 세 가지 소구점 (207쪽 참고)을 하나씩 번갈아 가며 주도적으로 이끄는 방식이 시청자와 고객이 보기에 좋다. 한 사람이 주도권을 끌고 가는 동안 다른 사람은 맞장구로 지원 사격을 하게 된다.

"네", "그렇죠", "맞습니다" 등으로 맞장구를 치면 파트너의 말이 단순히 '맞다'는 의미를 넘어 '나도 같은 마음이다.'는 의미가 돼 두 배의 강도로 메시지를 전달할 수 있다.

보디랭귀지와 맞장구에 이어 대화가 계속 이어질 수 있도록 하는 연결 언어도 중요하다. 맞장구를 치면서 "그래서요?" "아니 왜요?" "그건 어떤 거야?"라는 식의 질문이나 "그건 이렇게 생각해 보면 어떨까요?" 하고 가볍게 제안을 하면 말하는 사람은 당신이 집중해서 들어준다는 사실에 신이 나고, 더 정리가 잘돼 속 시원한 느낌도 받게 된다. 그 질문에 다시 대답하면서 상대방도 한 겹 더 깊이 들어갈 수 있게 된다.

앵무새 되기 전략도 좋다. 앞서 나왔던 미러링의 '말 따라 하기verbal mirroring'와 같은 것으로 복사기 화법copying listening이라고도 한다. 상대방이 한 말을 잘 듣고 상대방의 언어로 되물어 보는 것인데, 핵심이 되는 단어나 내용을 복사하듯이 물어보면 상대방은 당신의 경청 태도에 감탄하고, 좋은 관계를 만들기 위해 노력하는 당신의 진정성을 느끼게 된다.

"아~ 정말 그렇네요. 많이 배웠습니다.", "이야 고맙다! 오늘 또 하나 배웠네."처럼 상대방에게 공을 돌리고 칭찬하는 것도 좋다. 무슨 이유로 칭찬하는지, 어떤 부분을 칭찬하는지 구체적인 이유를 많이 들수록 더 잘 들었다는 것을 증명하게 된다.

연세대학교 심리학과 이동귀 교수는 '그랬구나', '그렇구나', '그럴 수 있겠구나' 이 세 말을 자주 쓰면 경청과 공감의 느낌이 살아나고 대화가 계속 이어질 수 있다고 한다. '그런데(근데)'와 '그러나'는 상대의 말을 끊는 말이기 때문에 웬만하면 쓰지 말라고 한다. '맥을 끊는다.' 해서 '맥커터'라고 부른다. 비호감이 되는 지름길이다. 내 지인 중에 다른 사람이 무슨 말을 하면 "그게 아니고~" 하면서 자기 말을 하는 버릇을 가진 사람이 있다. "그건 아니지~", "네가 잘못했네~" 하면 말하던 사람은 짜증이 폭발한다. 역시 비호감이 되는 지름길이다.

상대방에게 굳이 반론을 제기하거나 대안을 제시하려면, 나 같은 쇼호스트들이 방송에서 애용하는 방법을 써보길 권한다. "그게 아니고~" 하지 말고 "그것도 좋은데 이게 좀 더 좋지 않을까?", "그것도 괜찮은데 나라면 이렇게 할 거 같아." 부드럽게 하자. 50년 가까이 살아보니 눈에 쌍심지 켜고 반대할 일 별로 없더라.

하나 더. 대개 말의 끝에서 핵심이 나오기 때문에 모든 말은 끝까지 들어야 한다. 핵심도 듣지 못한 채 중간에 내 말을 내뱉으면 상대방은 말을 다시 할 수밖에 없거나, 아예 안 해버릴 수도 있다.

이제 공감에 대해 생각해 보자. 이 책의 처음에 21세기는 감성의 시대라고 했는데 다른 말로 하면 공감의 시대가 되겠다. 역사상 그 어느 시대보다 감성이 부각되는 것처럼 공감 능력도 더 중요해진 시대다. AI 와 같은 첨단 기술이 발전하면서 역작용으로 인간적인 공감 능력이 더욱 대두되고 있다는 분석도 있다. '공감 경영', '리더의 공감 능력'에 대한 책들이 쏟아져 나오고 있고, 앞 장에 나왔던 오바마 대통령처럼 공감 능력을 보여주는 사람에게는 대중의 호감도가 급상승한다.

몇 해 전, 우리에게는 너무나 가슴 아픈 사고가 있었다. 세월호가 침몰했을 때 온 국민이 아니 전 세계가 아파하고 애도했다. 유가족이 아니어도 내 새끼가 물에 빠져 죽은 것 같아 너무나 아팠다. 그런데 그 아픔을 느끼지 못하고 이해하지도 못하는 사람들이 있었다. 유가족이 시체장사를 한다, 교통사고에 웬 호들갑이냐, 지겨우니 그만 좀 우려먹으라고 하면서. 내 지인 중에도 "이상해… 난 안 슬프거든?" 하던 사람이 있었다. 소시오패스sociopath다. 사회생활을 하면서 인간으로는 이해가 되지 않는 공감 능력 결여자들을 종종 만난다. 인구 100명 중 4명이 소시오패스다. 이 책을 10,000명이 샀으면 400명은 되겠다. 정도의 차이는 있겠지만 이런 반사회성 인격 장애자들은 내가 하는 말을 받아들이지 못할 테니 이 장은 넘어가라. 소시오패스들은 대개 머리가 비상하니 공감 스킬이라도 익혀서 연기라도 하려면 그러던가.

스탠퍼드 대학교 심리학과 자밀 자키 교수의 책『공감은 지능이다』를 보면 공감에는 크게 세 가지 방식이 있다. 첫 번째, '인지적 공감'은 다른 사람이 어떤 감정을 느끼는지 인지하는 것으로, 추위에 떨고 있는 사람을 보고 '저 사람 춥겠구나…' 생각하는 것이다. 두 번째, '정서적 공감'은 다른 사람의 감정을 함께 느끼는 것으로 '저렇게 떨고 있으니 나도 마음이 아파…' 하고 느끼는 것이다. 세 번째는 '공감적 배려'로, 그들의 상황을 개선하고 싶은 마음, 즉 "추우시죠? 들어오세요." 하면서 따뜻한 차를 내어주는 행동을 말한다.

이렇게 직접 경험하지 않았어도 타인의 마음을 헤아리는 능력이 공감 능력이다. 그것은 "내가 저 사람이라면?"에서 시작한다. 역지사지(易地思之) 혹은 조망 수용^{perspective taking}이라 한다. 이런 과정을 거쳐 감정을 공유할 수 있는 것은 인간의 뇌에 있는 거울 뉴런^{mirror neuron} 덕분이다.

프란치스코 교황은 "공감하고 진지하게 수용하는 자세로, 상대방에게 우리의 생각과 마음을 열 수 없다면 진정한 대화란 있을 수 없다."라고 하셨다. 공감 능력이 좋은 사람은 이렇게 대화에 능한 사람이고, 따라서 세일즈에 있어서도 탁월하다. 자동차 세일즈맨 태미 다비시는 "공감이 가장 중요하다. '내 어머니가 자동차를 구매하려 한다면 나는 어떻게 할 것인가?' 하고 늘 고민한다."라고 했다. 그는 미 동부에서 최고의 실적을 내고 있다.

영화 〈귀여운 여인〉에서 여주인공(줄리아 로버츠 분)이 캐주얼한 차림으로 명품관에 들어갔을 때 대놓고 무시하던 직원들이, 옷을 귀티 나게 바꿔 입고 다시 가자 서로 들러붙던 장면을 기억하는가? 줄리아 로버츠가 한 방 먹이는 장면은 너무나 통쾌했다. 요즘은 고객을 외모로 판단하는 판매 직원이 없을 줄 알았는데, 유튜브에서 보니 아직도 일부 명품 매장 직원들은 그런 잘못된 요령을 공유하고 있더라. 아내나 여성 동료들과 이야기를 해보면, 여성이 만족스러운 쇼핑 이야기를 할 때에는 친절한 매장 직원 이야기가 빠지지 않는다. 반대로 조금이라도 언짢은 느낌이 있거나 자신이 차별당한다고 생각되면 다시는 그 매장을 찾지 않는다.

『여성은 왜 쇼핑을 하는가』의 저자 스텔라 미나한에 따르면, "여성은 판매에만 급급한 판매 직원이 아닌 자신의 의견에 귀 기울일 줄 아는 판매 직원을 선호한다. 따라서 판매 직원은 외모나 태도에 상관없이 여성 소비자를 존중해야 한다. 여성의 이야기에 귀 기울이며 그들의 감정에 공감하는 판매자가 최고의 자리에 오른다." (남자의 경우도 별반 다르지 않다.)

쇼핑을 할 때 소비자는 여러 가지 감정을 가지게 된다. 궁금증, 기대감, 만족감, 행복감, 희열, 때에 따라서는 질투심이나 실망감, 분노가 분출될 때도 있다. 우리는 고객의 이러한 감정과 심리를 잘 살펴야 한다. 그리고 그 감정을 이해한 뒤, 공감한다는 신호를 고객에게 보내야 한다.

오프라 윈프리와 이금희 아나운서를 보면 출연자의 이야기를 들으며 자세를 낮추고, 눈을 맞추고, 맞장구를 치고 함께 눈물을 흘리기도 한다. 우리도 앞서 공부한 모든 방법으로 공감하고 신호를 보내는 것을 습관화해보자.

다수와 커뮤니케이션을 하거나 청중 앞에 설 때, '여러분'이라는 단어를 사용하면 청중은 자기에게 말을 걸고 있다고 느끼게 된다. 그리고 종종 '저 사람이 나를 이해한다.'고 생각하게 된다. 커뮤니케이션 전문가 하인츠 골트만은 '여러분:나 = 5:1' 비율을 황금률이라 했다. '나', '저'보다 '당신', '여러분', '우리'라는 말을 다섯 배 이상 많이 사용하라는 것이다. 특히 바람직한 커뮤니케이션에서는 '나'라는 단어를 거의 사용하지 않는다. 'I-message'보다 'you-message'이다.

이 책의 독자들이 세일즈와 영업, 방송에 종사한다면 모두 공감 능력이 높은 사람이었으면 좋겠다. 그러면 굳이 이런 내용은 필요치 않을 테니. 이런 내용이 크게 와 닿지 않는 사람이라면 훈련해야 한다. 감성을 기르고 감정을 느끼는 훈련을 해야 한다. 그리고 고객에게 의도적으로 공감하는 시도도 해야 한다. 이런 전술적 공감^{tactical empathy}이라도 없는 것보다는 훨씬 낫다.

칭찬은 고객의
지갑을 여는 열쇠

좋은 칭찬을 한 번 듣는 것만으로도

나는 두 달을 살 수 있다.

_ 마크 트웨인(소설가)

'한국인의 칭찬 돌려 막기'라는 것을 들어보았는가?

그림을 칭찬할 때: 와! 사진 같아요!

사진을 칭찬할 때: 와! 그림 같아요!

사람을 칭찬할 때: 와! 인형 같아요!

인형을 칭찬할 때: 와! 사람 같아요!

집 밥을 칭찬할 때: 와! 식당 밥 같아요!

식당 밥 칭찬할 때: 와! 집 밥 같아요!

우리나라 사람들이 얼마나 칭찬에 서툴고 무미건조한지 보여주는 것 같아 웃기지만은 않았다. 돈 드는 것도 아닌데 칭찬에 인색한 사람들이 많다. 오랜만에 동문회에 나간 사람이 선배를 보고 "형님! 오랜만입니다. 정말 좋아 보이십니다." 했더니 선배가 "야! 정말 오랜만이다. 근데 넌 폭삭 늙었네? 10년은 늙어 보인다!" 해서 다시는 안 본다는 이야기를 들었다. 다른 사람을 깎아 내리면 자신이 우월해지는 것처럼 생각하는 사람들이 있는데, 같은 맥락으로 칭찬을 하면 나보다 상대방이 더 잘난 것 같고 나는 초라해지는 느낌을 받나 보다.

독일의 문호 괴테가 콕 찍어 이야기했다. "인간은 남을 칭찬함으로써 자신이 낮아지는 것이 아니다. 도리어 자신을 상대방과 같은 위치에 놓는 것이 된다."

2014년, 화제가 되었던 다큐멘터리 영화 〈님아, 그 강을 건너지 마오〉에서 98세 조병만 할아버지와 89세 강계열 할머니는 "참 곱네요.", "너무 예뻐요." 하면서 늘 서로 긍정적인 말과 칭찬을 하신다. 아껴주고 존중하는 노부부의 마음이 온 국민을 감동시켰다.

"칭찬은 고래도 춤추게 한다."고 했는데 고래뿐 아니라 사람의 인생을 바꾸기도 한다. 발명왕 에디슨은 어릴 적에, 그때는 이름도 몰랐던 '주의력 결핍 과잉 행동 장애ADHD'였다. 학교 선생님이 "에디슨의 머리는 뒤죽박죽이야." 하고 핀잔을 주자 아이들도 에디슨을 '뒤죽박죽'이라 놀려댔다고 한다. 에디슨의 어머니는 아들을 집으로 데려와 직접 교육을 하며 "넌 특별한 아이야.", "넌 큰 사람이 될 거야." 하면서 끊임없이 칭찬을 해줬다. 그는 결국 전 세계가 아는 특별한 사람이 되었다. 피그말리온 효과pygmalion effect 또는 로젠탈 효과Rosenthal effect라고 한다. 긍정적인 기대와 칭찬이 사람의 운명을 바꾸는 것이다. 우리에게는 바보라 불렸던 온달 장군이 있다. "바보라도 칭찬을 해주면 훌륭하게 쓸 수 있다."는 영국 속담이 있다고 하니 영국에도 온달이 있었나 보다.

앞에서도 잠깐 언급했지만 나는 문화심리학자 김정운 교수의 '감탄의 미학'을 참 좋아한다. 그가 독일에서 유학할 때 배운 칸트(1724~1804)의 '장엄의 미학Ästhetic des Erhabenen'에서 유래한 것이라고 한다. "인간의 가장 큰 욕구는 감탄하고 감탄받는 것, 인간은 감탄으로 자란다. 감탄을 하면 수명도 늘어난다." 이 감탄은 칭찬과 본질적으로 같다. 비전문가이지만 내 생각에도 칭찬하고 칭찬받는 횟수가 많아지면 수명도 늘어날 것 같다. 베타 엔도르핀이나 도파민 같은 행복 호르몬이 더 많이 분비되기 때문이다.

노벨 문학상을 받은 인도 시인 타고르는 "칭찬은 나를 부끄럽게 한다. 내 마음 한구석에서 그것을 은근히 바라고 있었기 때문이다."라고 했다. 바라고 있다는 말은 칭찬을 받는 것이 인간의 욕구라는 것이다. 매슬로의 욕구 단계 이론Maslow's hierarchy of needs에 따르면 칭찬을 받고 싶은 욕구는 애정 욕구와 존경 욕구에 속한다. 상당히 높은 욕구이다. 심리학에서는 인간은 욕구가 충족될 때 행복해지고, 너그러워지고, 다정해지고, 쾌활해지고, 낙관적이 되고, 용기를 내게 되고, 자신감을 갖게 되고, 대담해진다고 한다. 모두 우리가 고객에게 필요로 하는 것들이다. 이제 "칭찬은 고객이 돈 쓰게 한다."는 말이 무슨 뜻인지 알 것이다.

한 컨설턴트가 계약을 따내기 위해 어떤 회사 사장실을 찾았다. 너무

에이브러햄 매슬로의 〈욕구 단계 이론〉

나 무뚝뚝한 사장과 어떻게 진도를 나가야 할지 고민하다가 책상 위에 있던 가족사진을 보고 "사장님 따님이 진짜 예쁜데요? 연예인 시켜도 되겠습니다." 했더니 만면에 웃음이 가득 피어난 사장과 10분 넘게 딸 얘기를 하다가 결국 계약서에 사인을 받았다고 한다. 이렇게 칭찬은 서먹서먹한 첫 만남에서부터 위력을 발휘한다. 국내 한 보험사 보험왕은 '3. 3. 3. 원칙'을 지키고 있는데, "누구를 만나든 3분 이내에 3가지 칭찬을 하고 3번 맞장구 치면서 들어준다."는 것이다.

김대중 대통령과 노무현 대통령의 연설 비서관을 지낸 강원국 선생은 "칭찬은 실패하는 법이 없다. 그리고 칭찬 거리는 어떻게든 찾아진다. 오늘따라 더 젊어 보인다는 말부터 어쩌면 그렇게 약속 시간을 정확히 지키느냐는 말까지, 칭찬은 소재가 무궁무진하다."라고 했다. 내가 자주 가는 단골 카페 사장은 주문을 받으면서 한 마디씩 툭 던진다. "목소리가 정말 좋으세요." "셔츠 색감이 아주 예쁘네요." 생각지도 않았던 포인트에 훅 들어오는데 가식적이지 않고 부담스럽지 않게 한 마디 툭 던지는 칭찬에 고객의 기분은 붕 뜨게 된다. '한 마디'의 노력에 비하면 가성비는 248배는 되겠다.

늦은 밤, 회식이 끝나고 추운데 택시는 안 잡히고 너무나 고생했던 경험담을 이야기하는 직원이 있었다. 한참만에 겨우 택시를 잡았는데 기사가 "손님, 제가 오늘 운이 좋네요." 하더란다. 보통은 "손님 운 좋은 줄 아십시오." 했을 텐데.

이렇듯 세일즈맨 성공의 제1법칙은 '고객을 칭찬하라'이다. 칭찬을 들으면 무의식 속에 '이 사람은 나를 인정해 주고 나의 진가를 알아준다.'는 느낌이 생겨나고, 그런 좋은 감정을 통해 자존감이 높아지고 상대방의 기대에 부응하는 행동을 하려는 마음이 들게 된다. 여기서도 '피그말리온 효과'가 위력을 발휘하는 것이다. 세일즈 초기에 이 효과를 얻으면 거절 가능성을 60~70% 낮춘다고 한다.

독일 철학자 막스 뮐러는 "칭찬이라는 것은 배워야 할 예술이다."라고까지 표현했다. 우리도 예술 한번 해보자!

다른 사람을 칭찬하는 것이 자연스럽고 생활화된 사람도 있겠지만, 어색하고 어떻게 해야 할지 모르는 사람도 많을 것이다. 내 주변에도 다른 사람 칭찬하는 모습을 한 번도 보여주지 않는 사람이 부지기수다. 칭찬하는 게 어색한 사람은 이것도 당연히 연습이 필요하다. 어떻게 해야 할까? 내가 권하는 방법은 이것이다. 일단 하라! 그냥 하라! 막 하라!

예전에 재미있게 본 영화 〈대통령의 연인〉에서 홀아비 대통령(마이클 더글러스 분)에게 여자 친구가 생기자 사춘기 딸이 아빠에게 조언을 한다. "구두를 칭찬하세요. 여자들은 그걸 좋아하거든요." 그 뒤로 여자의 구두를 칭찬해서 실패한 적이 없었다. 아니 무엇으로든 다른 사람을 칭찬해서 실패한 적은 없다. 할 것이 없으면 구두 칭찬, 옷차림 칭찬이라도 하라.

악수를 하면서 손이 따뜻한 사람에게는 "손이 따뜻하시니 제 마음도 따뜻해집니다." 손이 차가운 사람에게는 "손이 차가운 사람은 마음이 따뜻하다고 하던데 그러신 것 같습니다."

성공한 영업 사원들의 공통점은 다른 사람을 칭찬하는 재주가 탁월하다는 것이다. 타고난 사람도 있을 테고, 열심히 연습해서 익힌 사람도 있을 것이다. 그들은 공통적으로 적극적이고 호탕하게 상대방을 높여주는 기술을 구사한다. 소심함을 버리고 당당하게 큰 소리로 그리고 진실하게 고객을 칭찬하라.

언제, 어디서, 누구에게든 먹히는 칭찬법으로 '덕분에'가 있다. '네 덕에', '네 덕분에', '당신 덕분에'를 입에 달고 살아보라. "네 덕에 오늘 정말 재밌었어." "네 덕분에 기분이 풀렸다." "당신 덕분에 내가 웃는다." "너 만난다고 하니까 날씨도 좋다." "너 만나러 오니까 차도 안 막히더라." "과장님이랑 먹으니까 더 맛있습니다." "선생님 덕분에 많이 배웠습니다." 별것 아닌데 듣는 사람은 기분이 참 좋아진다. 습관을 들여라.

언제, 어디서, 누구에게든 먹히는 칭찬법으로 '동안 칭찬'도 있다. 대놓고 "동안이세요." 해도 좋지만 "아 정말요? 30대 초반인 줄 알았어요!"

가 조금 더 진정성 있게 느껴진다. 방송을 할 때마다 게스트들 긴장을 풀어주기 위해 내가 늘 쓰는 방법이다. 60대, 70대 어르신까지 모두가 좋아한다. 얼마 전에는 30대 후배랑 10년 전 이야기를 하다가 진지한 표정으로 "너 그때 초등학생 아니었니?" 했더니 깔깔깔 웃으며 입이 귀에 걸렸다. "진짜 선배님께 배워야 하는데…" "뭘?" "티 안 나게 칭찬하시는 기술요."

상대방이 자랑하고 싶어 하는 것을 칭찬하면 당신의 센스가 더 돋보이고 상대방은 더 만족할 것이다. 내가 아는 협력 회사 대표실에 들어갔는데 아이언맨, 배트맨 같은 슈퍼 히어로 피겨가 가득 진열되어 있었다. 회사 대표가 키덜트족이었던 것이다. "우아!! 대표님, 너무 부러워요. 저도 갖고 싶은데… 이건 어디서 구하셨어요?" 했더니 얼굴에 자부심이 가득해져서 일본에서 구해 온 이야기, 한정판, 가격 등 자랑이 이어졌다. "사장님, 연못에 잉어가 정말 예쁘던데요? 제일 큰 잉어가 몇 센티미터나 되나요?" "고객님, 차 엔진 소리가 엄청 멋져요. 역시 포르쉐인 것 같아요!" "이게 그 버킨백 맞죠? 실물은 처음 봐요! 고객님한테 어쩜 이렇게 잘 어울리죠?"

칭찬도 이왕이면 구체적으로 하는 것이 더 효과적이다.

"이야~~ 블라우스 예쁘다! 잘 어울리네."

"이야~~ 블라우스 예쁘다! 연한 노란색이 네 얼굴을 더 밝게 만드는 것 같아. 프릴 장식 때문에 공주님 같아 보이고."

잘 관찰하고 작은 것에도 관심을 가져야 한다. '관찰'과 '관심'이 칭찬의 신을 만든다.

타이밍을 잘 맞추는 것도 중요하다. 다만 이것은 해봐야 알 수 있다. 일단 하고, 그냥 하고, 막 하다 보면 감이 생길 것이다.

데일 카네기는 "상대방이 이룩한 성취에 대해 말하도록 하라. 상대방은 당신이나 당신의 문제보다 자신의 희망이나 자신의 문제에 100배나 더 관심이 많다는 사실을 명심하라. 사람은 본래 아프리카에서 발생하는 40번의 지진보다 목전의 이익이 더 소중한 법이다."라고 했다.

정말 의외의 연구 결과도 있다. 보통 칭찬은 진정성이 있어야 한다고 생각한다. 아부나 아첨은 진정성이 없어서 효과도 적을 것이라 생각한다. 그런데 아니란다. 홍콩과학기술대학교 일레인 찬과 자이디프 센굽타 교수는 진실하지 않은 아첨에도 소비자를 설득하는 힘이 있다는 사실을 밝혀냈다. 칭찬의 말을 들으면 칭찬인지 아첨인지 판단하기도 전에 감정이 움직여서 만족감을 주기 때문이라고 한다. 또 아첨과 아부의 느낌이 들더라도 듣는 사람에게는 전혀 기분 나쁘지 않고 오히려 꽤나 효과가 좋다고 하는데, 무의식 속에 남은 긍정적인 인상은 아첨이 진실하지 못하다는 사실을 의식할 때에도 사람의 행동에 영향을 미친다는 것이다. 『유혹의 기술』의 저자 로버트 그린도 "아첨이나 칭찬은 유혹의 힘을 갖는다. 아첨이나 칭찬의 목적은 실제 감정을 표현하기보다는 상대의 감정을 자극하는 데 있다."라고 했다. 정말 중요한 사항이니 꼭 기억하자! 아첨도 효과가 있다!

같은 의미에서 일대일이 아니라 특정 집단에 초점을 맞춘 칭찬도 분명한 효과가 있다. 홈쇼핑은 방송을 시청하는 시청자가 수만에서 수십만 명에 이를 수 있기 때문에 상대방을 특정해서 칭찬하는 것은 불가능하다. 그렇지만 "지금 이 상품을 선택하신 고객님은 탁월한 안목과 격조 있는 스타일을 겸비한 분들입니다", "오늘같이 혜택이 좋은 날 구입하신 분들은 정말 지혜로운 소비자입니다." 같은 칭찬도 먹힌다는 것이다.

자의식이 강한 사람일수록 칭찬에 약하다는 연구 결과도 있다. 대통령이든 재벌 회장이든 높은 사람이나 성공한 사람에게는 더 과감하게 칭찬을 날려도 된다.

칭찬도 '윈윈 게임'인 것을 아는가? 상대방에게 했던 칭찬이 그대로 자신에게 돌아오기 때문이다. 이것은 상대방도 나를 칭찬한다는 의미가 아니라, 뇌과학적으로 내가 한 칭찬을 나의 뇌가 받아들인다는 것이다. 호르몬의 분비를 관장하는 뇌의 자율신경계는 말의 주어를 이해하지 못한다고 한다. 따라서 내가 상대방에게 "당신은 정말 아름답습니다."라고 말하면 주어를 이해하지 못하는 자율신경계는 '난 참 예뻐.'라고 착각을 하게 되고, 그 기쁨의 표시로 베타 엔도르핀이나 도파민 같은 행복 호르몬을 분비하게 된다는 것이다. 그래서 뇌과학자들은 다른 사람을 칭찬하면 그대로 나에게 돌아와 내가 더 행복해진다고 말한다. 철학자 어데어 라라도 "우리가 하는 칭찬의 가장 중요한 수혜자는 아마 우리 자신일 것이다."라고 했다. 정말 신기하지 않은가?

남에게도 좋고 나 자신에게도 좋은 칭찬, 많이 하자. 일단 먼저 내 가족과 주변 사람들에게 칭찬의 말을 건네보자. 배우자를 칭찬하자. 아이들을 칭찬하자. 그러면 고객에게 칭찬을 건네는 것도 자연스러워지고 자신감이 생길 것이다. 다시 한번 말하지만, 칭찬은 일단 하라! 그냥 하라! 막 하라! 무심한 듯 툭 던지는 칭찬도 좋고 오버하는 칭찬도 좋다. 아첨도 좋다. '저 사람을 어떻게 기분 좋게 만들 수 있을까?' 생각하면 된다. 칭찬과 격려와 찬사를 생활화하라. 나중에는 당신이 그 대상이 될 것이다.

살아보니까 내가 주는 친절과 사랑은 밑지는 적이 없다. 소중한 사람을 만나는 것은 1분이 걸리고, 그와 사귀는 것은 한 시간이 걸리고, 그를 사랑하게 되는 것은 하루가 걸리지만, 그를 잊어버리는 것은 일생이 걸린다는 말이 있다. 그러니 남의 마음속에 좋은 기억으로 남는 것만큼 보장된 투자는 없다.

― 장영희, 『살아온 기적 살아갈 기적』 중

인지심리학자 김경일 교수가 권하는 '칭찬하는 방법'

- 재능이 아니라 노력을 칭찬하라. "머리가 좋구나."라고 칭찬하면 노력을 안 하게 된다. "열심히 공부했구나."라고 칭찬하라.

- 인격을 칭찬하라. 이름을 불러 칭찬하라.

- 의도치 않은 행동도 칭찬하라.

- 제삼자의 칭찬을 전해 주면 칭찬의 효과가 배가된다. "우리 언니가 여기 정말 맛있다고 하던데, 진짜 맛있네요." "요즘 젊은이들이 능력이 좋다고 하더니 자네가 바로 그렇구먼!"

- 당사자가 없는 자리에서 칭찬하라. 이익을 취하려는 목적이 아니기 때문에 더 순수하게 감동받을 것이다. 자리에 없던 당사자의 귀에도 생각보다 빨리 들어가 나에 대해 호감을 갖게 된다.

칭찬은 일단 하라! 그냥 하라! 막 하라!
무심한 듯 툭 던지는 칭찬도 좋고
오버하는 칭찬도 좋다. 아첨도 좋다.

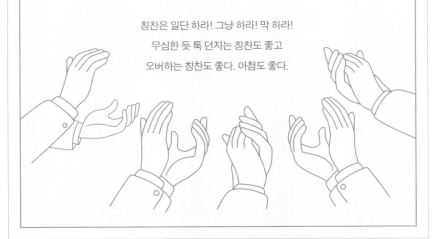

웃기면
복이 와요

사람들은 알지 못하는 것을 믿지 않는다.

듣지 않으면 알지 못하게 된다. 그리고 재미없으면 듣지 않는다.

__ 빌 번바흐(광고 전문가)

"브래드 피트, 드디어 만났네요. 우리가 영화 찍을 동안 어디 계셨어요?" 배우 윤여정 씨가 아카데미 여우조연상 수상 소감을 말하며 시상자인 브래드 피트에게 던진 말에 전 세계가 빵 터졌다. 영화 〈미나리〉의 제작사 대표인 브래드 피트가 촬영장에 한 번도 나타나지 않았던 것을 유쾌하게 꼬집은 말이었다. 위트 넘치는 수상 소감에 여우조연상 경쟁자였던 아만다 사이프리드조차 "I love her."를 연발할 정도였고, 전 세계에 K-할머니 신드롬을 일으켰다는 평가도 받았다.

어떤 장소에서 어떤 상황에서든 경박하지 않고 누군가를 불편하게 만들지도 않으면서 사람들을 즐겁게 만드는 사람이 있다. 개인적으로 무척 부럽다. 나는 그런 재능이 없기 때문이다. 나도 사람들을 즐겁게 만들고 싶다. 그래서 나는 준비를 한다.

앞에서 호감에 대해 살펴볼 때 '진짜 웃음'을 웃으라 했는데, 내가 웃는 것 못지않게 다른 사람을 웃게 하는 것도 중요하다. 웃으면 복이 오고, 웃기면 복이 오는 것이다.

세일즈 성공률을 높여주는 유머와 개그

캐나다 콘코디아 대학교 마이클 콘웨이 교수는 유머가 섞인 광고와 그렇지 않은 광고를 비교해 전자의 광고 실적이 훨씬 우수하고, 특히 남성이 유머에 더 쉽게 설득된다는 사실을 확인했다. 신경과학자들에 따르면 뇌는 웃기는 이야기를 들으면 도파민, 세로토닌, 엔도르핀처럼 기분을 좋게 만드는 호르몬을 분비한다. 즐거운 기분이 들면 호감이 생기고 마음을 열게 된다. 그래서 재미있는 사람은 인기가 많고 재미있는 사람은 세일즈 실적도 높은 것이다.

그런데 개그맨이나 예능인처럼 무대에서 재치 넘치고 웃기는 사람이 사석에서는 조용하고 내성적인 경우도 많다. 웃기는 재능을 타고나는 사람도 있지만 그렇지 않은 사람도 많다. 이것도 준비와 연습을 통해 충분히 계발할 수 있다는 것이다.

영화 〈레디 플레이어 원〉에 나온 대사를 나는 대중 강연을 시작할 때 종종 차용하곤 한다. "오늘 이렇게 많은 분들이 참석해 주셔서 너무나 감사합니다. 감사의 의미로 여러분 의자 밑을 보시면~~~ 아무것도 없습니다." 청중은 허리를 숙이고 의자 밑을 살피다 허탈해 웃고 만다. 물론 작은 선물은 따로 준비해 놓았다.

강의를 하면서 앞에 나왔던 표정 이야기를 할 때는 〈최후의 만찬〉 그림을 프로젝터로 보여주면서 이야기를 시작한다. 그림을 보여주고 "이 그림은 레오나르도 디카프리오가 1498년 이탈리아 밀라노에 있는 산타 마리아 델레 그라치에 교회의 식당 벽면에 완성한 작품입니다."라고 설명하면, 처음에는 아무도 눈치를 못 채다가 뭔가 이상하다는 낌새를 느낀 사람들이 수군수군대기 시작한다. 우스꽝스럽게 찍힌 디카프리오의 사진을 보여주면 빵 터진다. 나와 동갑인 레오나르도가 설마 나를 고소하지는 않겠지?

재치 있는 입담으로 회자되는 일화가 하나 있다. 기저귀 회사 하기스의 회장 다윈 스미스가 회사 직원을 상대로 강연하기 위해 연단에 올랐다. "여러분, 우리 다 같이 일어나서 묵념합시다." 직원들은 어리둥절했지만 일어나서 얼떨결에 묵념을 했다. 스미스는 심각한 말투로 "방금 우리는 팸퍼스를 위해 묵념을 했습니다." 모두 빵 터졌다. 팸퍼스는 하기스 최대의 경쟁사였기 때문이다.

미디어에 많이 나오는 유행어를 익혀두면 대화 중간에 쏠쏠하게 쓸 일이 많다. 넷플릭스 드라마 〈오징어 게임〉의 명대사 "우린 깐부잖아?" 를 방송 중에 효과적으로 몇 차례 쓰기도 했다.

주의할 점은 누군가를 조롱하거나 다른 사람의 아픔을 소재로 웃기면 안 된다. (앞의 레오나르도 디카프리오는… 음….) 타인을 유머 소재로 삼을 계획이라면 반드시 당사자와 먼저 상의를 하라.

예외는 있다. 높은 사람은 대상으로 삼아도 된다. 물론 성격 좋은 높은 사람이어야 하지만. 우리 회사의 상무님은 경상도 사투리가 심하다. '신세계'를 늘 '쉰셰계'로 발음한다. 전 직원이 참석한 개국 기념식에서 내가 사회를 보면서 앞자리에 앉은 상무님에게 "상무님 따라 해보세요. 신! 세! 계!" "신! 세! 계!" "신세계!" "쉰셰계!" 모든 직원이 배꼽을 잡고 웃었다. 상무님도 껄껄껄 웃고 넘어갔다.

자신을 소재로 웃겨라. 자신을 낮추고 상대방의 자존감을 높여주는 이야기는 언제나 먹힌다. 알리바바 그룹의 마윈 회장이 좋은 예다. 마윈 회장은 스스로를 ET라 부르며 자기 비하 농담으로 직원들을 즐겁게 만들었다(그의 외모가 ET를 닮았다는 의미와 함께 그의 첫 직업이었던 영어 교사 English Teacher 의 의미도 있다). 또 매년 창립 기념일에는 백설공주, 레이디 가가 등 우스꽝스러운 분장 쇼를 선보이기도 했다. 그릇이 크고 자신감이 강한 사람이 자신을 소재로 사람들을 즐겁게 만든다.

선정적인 농담은 절대 안 된다. 정치적인 이야기도 안 된다.

"재미있는 이야기 하나 해 드릴게요.", "기대하셔도 좋아요." 같은 말은 하지 마라. 웃기려는 의도를 보이면 흐름이 끊기고 김이 샌다.

짧고, 직관적이고, 흥미롭고, 빠르게 말해야 한다. 그리고 유머러스한 이야기한 후에는 그 핵심을 그날의 주제나 청중과 연결시키면 더 좋다.

누구나 즐겁고 우스운 일을 경험한 적이 있을 것이다. 자신이 웃었던 일을 자연스럽게 얘기하면 망하지는 않는다. 웃기는 이야기를 듣거나 상황을 겪었을 때 기록해 놓는 것이 좋겠다. 그때그때 유행하는 개그나

우스개, 유행어 등도 익혀놓자. 인터넷에 다 나온다.

연습도 해야 한다. 예능 프로그램에 나오는 개그맨들도 일주일 내내 아이디어를 짜내고 밤새워 연습을 한다. 아마추어인 우리는 말할 것도 없다. 혼자서 거울 보고 연습하다 가족이나 친한 친구들 앞에서 몇 번 해보고, 실전에서 고객들이나 청중 앞에서 터뜨리자. 목소리에 힘을 싣고 톤을 끌어올리고 온몸의 보디랭귀지를 동원해 눈 딱 감고 오버 한번 하라! 엄근진(엄숙 근엄 진지)을 내려놓으면 누구나 할 수 있다!

"일단 사람들을 웃게 만들 수만 있다면 그들은 당신의 말에 귀를 기울일 것이고, 당신은 어떤 말이라도 할 수 있게 된다."

_ 허버트 가드너

성공 세일즈를 약속하는 마법의 단어와 표현

말 한 마디로 천 냥 빚을 갚고 천 냥을 벌 수 있는 공식이 있다. 무슨 허황된 이야기냐고 할 수도 있겠지만 밑져야 본전이다. 나 같은 쇼호스트들도 이 마법의 단어와 표현을 즐겨 사용한다. 설득 효과가 높다고 마케팅 전문가들이 추천하는 것이니 의식적으로 많이 사용해서 더 높은 성과를 거두어보자.

1. 승낙의 단어들

미국의 마케팅 전문가들은 아래의 16개 단어가 상대방의 요청을 승낙하게 만드는 특별한 힘이 있다고 주장한다.

우리	결과	돈	보장하는
쉬운	건강	새로운	안전한
무료(공짜)	방법	지금	절약하는
기쁨	사랑	증명된	이익을 주는

2. 긍정적인 영향을 주는 단어들

광고계의 전설 데이비드 오길비는 소비자에게 긍정적인 영향을 주는 단어들로 다음 12개의 단어를 추천했다.

기적	증명된	혁명적인	필요한
마술	값싼	놀라운	지금
빠른	서두르다	제공하다	선풍적인

3. 공짜처럼 보이게 하는 표현의 힘

특히 무료(공짜)의 힘은 상당히 강력하다. "바지 한 벌을 사시면 한 벌 더 1,000원에 드립니다."보다 "바지 한 벌을 사시면 한 벌은 공짜로 드립니다." 라고 마케팅을 하면 1,000원의 비용 차이가 있지만 훨씬 더 매출이 오르는 것으로 나타났다. 홈쇼핑에서는 '무료 체험 이벤트'를 자주 운영한다. '무료 샘플'을 제공하는 것도 마찬가지로 효과적이다.

4. 새로움을 느끼게 하는 표현의 힘

또 하나의 강력한 마법의 단어는 '새로운'이다. 신경과학자들은 우리의 뇌가 새로운 것에 매력을 느끼도록 설계되어 있다는 사실을 밝혀냈다. 새로운 것은 뇌의 보상 센터를 활성화시키는데, 진화론적인 관점에서는 인류의 조상들이 생존하는 데 꼭 필요한 조건이었다. 사냥과 채집을 위해서 자원이 풍부한 새로운 장소를 찾거나 새로운 환경에 빨리 적응하는 것이 유리했기 때문에, 본능적으로 새로운 것을 매력적으로 느끼는 것이다.

물론 오래된 브랜드와 노포에 애착을 느끼는 소비자도 많다. 하지만 구찌와 루이뷔통 같은 오래된 브랜드도 매 시즌 소비자가 깜짝 놀랄 정도로 과감하게 변신하는 것을 보라. 오랜 전통과 친밀함을 해치지 않으면서 계속해서 '새로움'을 제시해야 한다.

분위기 전환에 좋은 유머 모음

재미있는 유머를 비롯해 아재 개그나 썰렁 개그도 몇 개 준비해 두자. 아재 개그나 썰렁 개그 같은 난센스 퀴즈는 작은 상품을 걸고 하면 더 재미있다.

- '대통령 선거'의 반대말은? 대통령 앉은 거
- 비가 한 시간 동안 오는 현상은? 추적 60분
- 바람이 귀엽게 부는 곳은? 분당
- 세상에서 가장 야한 음식은? 버섯
- 머리가 아프면 약을 얼마나 먹어야 할까? 두통
- 의사들이 좋아하는 시간은? 내시경

다음의 유머들도 분위기 전환에 도움이 된다.

"저희 회사 대표님은 웃기지도 않은 이야기를 맨날 하시는데 직원들은 잘 보이려고 엄청 웃어대면서 아부를 떨어요. 그날도 대표님이 재미없는 이야기를 하고 직원들은 배꼽을 잡고 웃는데, 유독 한 직원만 웃지를 않는 거예요. 대표님이 그 직원에게 '자네는 왜 안 웃나?' 하고 물으니까 그 직원 왈 '저는 이번 주에 회사 그만둡니다'."

"어제 식당에서 오징어덮밥을 시켰어. 그런데 아줌마가 접시 들고 오면서 크게 물었지. '오징어가 누구예요?' '저요.' 손을 들고 대답했는데, 밥 먹으면서 생각해 보니까 왠지 분해…"

"목욕탕에서 스님이 옆에 앉은 청소년에게 '등 좀 밀어줄래?' 했더니 까칠한 남학생이 '당신 뭐야?' 그래서 '나 중이야' 하니까 '난 중3이야, 새꺄!'"

"쇼핑할 때 남자와 여자의 차이가 뭔지 아세요? 여자는 필요 없는 2만 원짜리를 1만 원에 사고, 남자는 꼭 필요한 1만 원짜리를 2만 원에 산다는 거예요."

긍정의
힘

말은 파괴하거나 치유하는 힘을 갖는다.

진실하고 친절한 말은 세상을 변화시킬 수 있다.

_ 석가모니

말은 현실을 만든다

할 어번의『긍정적인 말의 힘』에 나오는 실험이다. 다음의 부정적인 단어들을 학생들에게 5분 동안 보게 하고 다섯 개의 단어를 선택한 뒤 마음속으로 그림을 그려보게 하였다.

파괴하다	폭동	경련	마약	죽이다
비판	속이다	경멸하다	상처주다	스트레스
고통스럽다	경고	유치장	고뇌	부랑자
비난하다	폭발하다	죽음	거짓말	깨뜨리다
금지하다	고소하다	위협	긴장	고통받다
복수하다	비열하다	침을 뱉다	파멸	질병

비극	질식시키다	강간하다	독약	불타다
강압	미워하다	살인하다	잃다	추한
불지르다	당황하다	실패하다	뚱뚱하다	테러
전쟁	불평하다	벙어리 같다	손해입히다	감옥
사기	타락하다	실직하다	찌르다	질투하는
취소하다	어리석다	우울하다	축출하다	습격
때리다	훔치다	피하다	바보	치다
전투	총을 쏘다	체포하다	슬프다	

　강의실에는 차갑고 어두운 긴장감이 감돌기 시작했다. 학생들의 입에서는 신음소리와 함께 불만이 터져 나왔다. "우리가 왜 이런 걸 해야 되죠?"라고 묻는 학생도 있었다.

　잠시 후 아래와 같은 긍정적인 단어들을 보여주고 같은 과정을 수행했다.

사랑	용기	멋지다	즐겁게 하다	따뜻함
동의	살아있다	성취하다	파티	행복
우습다	찬사	친구	믿음	값어치 있다
명예	휴가	신뢰	열광	희극
강아지	승리	안전하다	축복받다	친절
고요	초대하다	아기	주말	키스
존경하다	지지하다	좋다	보상	긍정

똘똘하다	평화	훌륭하다	치유하다	신성함
놀다	포옹	성취하다	돕다	성공
개선하다	애정	천국	용서하다	아이
치료하다	진실	희망	자라다	편안함
튼튼히 하다	공평	미소	감사하다	특별하다
즐거움	이익	우아함	가정	칭찬
신임	아름다움	웃다	챔피언	재미있다
축하하다	리더			

강의실의 공기는 금세 바뀌었다. 활기 넘치고 밝은 에너지가 가득했고 곳곳에서 웃음이 흘러나왔다. 참가한 학생들은 "말은 생각했던 것보다 훨씬 강한 것 같아요. 단지 종이 위에 쓰여 있을 뿐인데 말이에요." 하며 놀라워했다.

대개 긍정적인 말을 하려면 마음이 긍정적이어야 한다고 생각한다. 하지만 위의 실험에서 알게 된 것처럼 반대일 수도 있다. 긍정적인 언어가 긍정적인 사고를 만들고 긍정적인 행동이 긍정적인 삶을 만든다. 헤밍웨이도 "말은 현실을 만들어낸다."라고 했다. 말의 힘이 이렇게 강력한 것이다.

예전에 우리나라 대학생들을 대상으로 좋아하는 말과 싫어하는 말을 설문했는데, '사랑, 우정, 행복, 희망, 꿈, 믿음, 평화, 바다'가 좋아하는 말로, '죽음, 미움, 욕, 싸움, 거짓, 불행, 슬픔'이 싫어하는 말로 꼽혔다. 긍정과 부정이라는 측면에서 말을 바라보면 구분하는 데는 이견이 없을 것 같다.

그런데 미디어를 열면 일상적으로 혐오의 언어, 갈등의 언어가 들려오니 마음도 무겁고 어두워진다. "미친 거 아닙니까?", "삼류 바보들", "배신의 정치", "혼이 비정상", "하나님 까불면 나한테 죽어!" 이러다 보니 요즘 아이들이 '씨발', '졸라' 같은 말을 입에 달고 있는 것도 이상하지 않다. 초등학생들까지 이런 말을 안 쓰면 말을 할 수 없을 정도니 안타까울 뿐이다.

긍정적인 가치를 창조하고 부정적인 가치는 배제하라

이 책에서 세상을 아름답게 만들자고 외치는 것은 아니다. 이 책의 주제는 '세일즈 스피치'이다. 이런 이야기를 하는 이유는 긍정적으로 말을 하는 것이 우리가 세일즈를 하는 데 긍정적인 영향을 끼치기 때문이다. 이와 관련된 많은 실험이 있다.

대니얼 카너먼 교수의 실험은 '90% 무지방 우유'와 '지방 함유 10% 우유' 중 하나를 선택하는 것이었는데, 대부분의 사람이 '90% 무지방'을 선택했다. 사실은 똑같은 의미지만 '90% 무지방'이 더 긍정적으로 들리기 때문이다.

네덜란드 심리학자 조나단 판 트리트는 노인들에게 운동을 권유하면서 "충분히 운동하면 근력이 생기고 장수할 수 있습니다."라는 말과 "충분히 운동하지 않으면 근력이 떨어지고 일찍 사망할 수 있습니다."라는 말을 사용했다. 앞의 긍정적인 말을 들은 노인들이 훨씬 더 많이 운동을 시작했다고 한다.

미국 로욜라 대학교 에드윈 그로스 교수의 실험에서는 어떤 볼펜을 보여주며 "이 제품을 얼마나 좋아합니까?"라고 물었을 때 36.1%의 사람들이 좋아한다는 대답과 구매 의사를 표한 반면, "이 제품을 얼마나 싫어합니까?"라고 했을 때는 15.6%만이 구매 의사를 보였다.

펜실베이니아 대학교 마틴 셀리그만 교수가 보험 영업 직원 100명을 2년 동안 관찰한 결과, 긍정적 설명 방식을 사용한 직원들이 그렇지 않은 직원들보다 평균 37% 이상 보험을 더 많이 판매했다.

나와 함께 방송하던 한 쇼호스트는 방송 중에 습관처럼 "'쟤가 쇼호스트니까 좋다고만 하지.'라고 의심하는 분들이 계시겠지만 의심하지 않으셔도 됩니다."라고 말했다. 정말 쓸데없는, 해서는 안 되는 말이다. '의심'이라는 단어가 들리는 순간, 고객의 마음속에 의심이 생기기 때문이다. "코끼리는 생각하지 마!"라고 하면 바로 코끼리를 떠올리게 되는 이른바 '프레임' 이론이다. 부정적인 프레임이 떠오르는 말은 쓰면 안 되는 것이다.

이론적으로 사람이 쇼핑을 하는 이유는 크게 두 가지로 구분할 수 있는데, 쇼핑 자체의 즐거움을 위해 쇼핑을 하는 것을 쇼핑의 '쾌락적 가치'라 하고, 필요해서 사는 것을 쇼핑의 '실용적 가치'라고 한다. 쇼핑을 할 때 느끼는 쾌감의 종류에는 여러 가지가 있다. 첫 번째는 쇼핑을 통해 달라질 나의 모습에 대한 상상, 내가 누누이 이야기한 것처럼 쇼핑이 주는 '환상'이다. 그리고 쇼핑을 할 때 대우를 받는다는 느낌을 좋아하는 사람도 많다. 명품관이 아니라도 말이다. 그것은 내가 돈을 쓰는 고객이기 때문이다. 어떤 사람들은 자신이 제대로 물건을 살 줄 안다는 것에 자부심을 느끼기도 한다. 좋은 상품을 고르고 흥정을 하고 가격을 에누리하는 과정을 점수를 따는 스포츠처럼 여기는 사람들도 있다. 그리고 홈쇼핑, 라이브 커머스, 온라인 쇼핑을 이용할 때부터 배송을 받을 때까지의 설렘을 즐기는 사람도 있다.

이렇게 고객의 잠재의식에 숨어 있는 다양한 쾌락의 요소를 찾아내야 한다. 환상을 심어주고, 만족감을 얻게 해주고, 귀한 대우를 받는 느낌을 줄 수 있도록 긍정의 언어들을 사용해야 하는 것이다.

만약 부정적인 이야기를 해야만 하는 상황이라면 최대한 부정적이지 않은 단어를 신중하게 골라서 사용한다. 다음 예를 참고하라.

- **계약** ⋯→ 서류 작업
- **비용** ⋯→ 투자
- **저가** ⋯→ 더욱 경제적
- **탈락** ⋯→ 통과 못 함
- **구두쇠** ⋯→ 절약가
- **수수료** ⋯→ 서비스 대금
- **고가(高價)** ⋯→ 최고급
- **자르다** ⋯→ 해고하다
- **지방이 많은 부위** ⋯→ 마블링이 많은 부위
- **고장** ⋯→ 수리 중
- **비린내가 나지 않는 생선입니다** ⋯→ 정말 신선한 생선입니다
- **잔고장이 나지 않습니다** ⋯→ 정말 튼튼한 제품입니다
- **오염되지 않은 청정 지역입니다** ⋯→ 청정 지역입니다

홈쇼핑에서 판매하는 사과 중에 낙과나 흠집으로 정상적인 판매가

어려운 사과가 있다. '맛은 그대로, 가격은 훨씬 저렴한 보조개 사과'라고 이름 붙인 후 대박이 났다.

용어 선택의 효과를 가장 극적으로 보여주는 예는 항공업계라고 할 수 있다. 몇 천 미터 하늘 위를 시속 몇 백 킬로미터로 날아가는 밀폐된 공간에서 승객들이 겁을 먹고 패닉에 빠지게 되면 큰일이다. 그래서 승무원들은 용어 하나, 단어 하나도 신중하게 선택해서 말하는 훈련을 받는다.

- 비행기가 고장을 일으켰습니다 ⋯➙ 기술적 장애가 생겼습니다
- 늦게 도착하겠습니다 ⋯➙ 조금 지연되겠습니다
- 승객의 짐을 잃어버렸습니다 ⋯➙ 승객의 짐이 다른 장소에 가 있습니다

여러 연구를 통해 이런 용어 대체가 고객들의 반응을 엄청나게 달라지게 한다는 것이 증명되었다.

교통사고의 가해자에게 "당신의 차가 상대방의 차를 들이받을 때 속도가 얼마나 됐습니까?"라고 물었을 때와, "당신의 차가 상대방의 차에 세게 부딪쳤을 때 속도가 얼마나 됐습니까?"라고 물었을 때 후자 쪽이 훨씬 높은 속도를 답했다는 조사 결과도 있다.

토크쇼의 여왕 오프라 윈프리도 언제나 긍정적으로 말하는 자세를 강조한다. '나쁘다'보다는 '좋지 않다', '틀렸다'보다는 '다시 생각해 볼 여지가 있다', '안 된다'보다는 '노력해 보겠다'로 말하면 훨씬 호감이 간다.

"안경을 왜 쓰셨어요?"라고 물으면 "눈이 나빠서 썼다."가 아니라 "더 잘 보려고 썼다."라고 하고, "그렇게 생각하니까 늘 제자리인 거야"라고 하지 말고 "조금 다르게 생각해 볼까? 그러면 지금보다 나아질 수 있을 거야"라고 해보자.

"긍정적인 가치를 창조하고 부정적인 가치를 배제하라. 부정적인 메시지가 효과가 있는 건 사실이지만, 최종 승리는 긍정적인 메시지를 끝까지 견지한 사람에게 돌아간다." 미국 대통령 연설 전문가 프랭크 런츠 박사의 말이다.

특정한 상황에서 특정한 행동을 취한 경우, 그 이후에 비슷한 상황이 찾아오면 그때 취했던 행동과 비슷한 행동을 반복하는 경향이 있다. 고객이 '네'를 연발하도록 유도해 보라.

- "요즘 잘 지내시죠?" "네."
- "식사는 하셨어요?" "네."
- "이번에 신제품이 나와서 소개를 해드리려고 하는데, 한번 보시겠어요?" "네."

앞에서 '네'라고 대답한 경우에는 왠지 모르게 상대방이 내게 긍정적으로 대하는 사람이라는 기분이 든다. 반대로 '아니오'라고 대답했을 경우에는 부정적인 기분이 든다. '네'라는 대답을 여러 차례 한 이후라면 그 사람과 더 많은 대화를 나누고 싶은 마음이 들고, 여러 차례 '아니오'라는 대답을 하게 됐다면 부정적인 감정이 쌓여 더는 대화를 나누고 싶지 않을 것이다. 이것이 바로 '긍정적 대화'와 '부정적 대화'가 가져오는 결과이다. 여러 차례 상대방의 입에서 '네'라는 대답이 나오도록 유도한 뒤 본론을 꺼내면 성공 확률이 높아진다. 한 번 '예스'는 또 다른 '예스'를 부른다는 것을 잊지 말라.

앞에서도 나왔지만 다른 사람이나 경쟁 브랜드, 경쟁 상품을 깎아 내려서 내가 얻을 것은 없다. 고객에게 부정적인 인상만 남길 뿐이다. 내 브랜드, 내 상품의 장점만 부각하는 것이 훨씬 유리하다.

하버드 대학교 연구진이 60~85세 참가자들을 대상으로, 한 집단에게는 0.01초씩 '현명하다', '기민하다', '능숙하다' 같은 긍정적인 단어를 들려주고, 다른 집단에게는 '노쇠하다', '의존하다', '병약하다' 같은 부정적인 단어를 들려준 후 보행 테스트를 실시했는데, 긍정 실험군 노인들의 운동 능력이 10% 이상 나아졌다고 한다. 긍정적인 말이 심리적으로 영향을 미쳐 신체적인 능력도 향상된 것이다. 같은 맥락으로, 존 리 메리츠자산운용 대표의 "부자들은 모두 긍정적인 말을 하는 사람들이다."라는 말은 거꾸로 긍정적인 말을 하면 부자가 될 확률이 높아진다는 뜻이 아닐까?

5장

팔리는
마케팅

3의 법칙(세 가지 소구점)과 양자택일

믿음, 소망, 사랑 이 세 가지는 항상 있을 것인데

그중의 제일은 사랑이라.

__ 고린도전서 13:13

3의 법칙

동서고금을 막론하고 인류 역사에 가장 중요한 숫자는 '3'이 아닐까 싶다. 세상의 거의 모든 것은 '3'으로 이루어져 있으니까. 배가 고파서 그런지 삼시 세끼가 가장 먼저 떠오른다. 삼총사, 세 가지 소원, 올림픽 금·은·동메달을 비롯해 거의 대부분 3등까지 상을 주고, 삼세판, 서론· 본론·결론, 아기 돼지 3형제, 곰 세 마리, 삼강오륜, 삼위일체. 그뿐인 가? 토머스 제퍼슨이 작성한 미국 독립선언문에서는 생명·자유·행복, 프랑스 혁명에서는 시민의 권리로 자유·평등·박애, 링컨의 게티스버 그 연설은 "Of the people, For the people, By the people", 카이사르 의 "왔노라 보았노라 이겼노라" 등등.

최근에는 프레젠테이션의 신 스티브 잡스가 3의 화신이다. "2005년 아이팟은 세 가지 혁신을 일으켰습니다." 2007년, 지금은 전설로 남은 첫 아이폰 프레젠테이션에서는 "오늘 우리는 세 개의 혁신적인 기기를 소개하려 합니다. 아이팟, 휴대폰, 인터넷 커뮤니케이터입니다." 2005년, 스탠퍼드 대학 졸업식 연설에서는 "저는 오늘 제 인생의 세 가지 이야기를 들려드리려 합니다."

'잡스식 3막 구조'라는 이야기 방식을 통해 스티브 잡스는 끊임없이 '3'이라는 숫자에 집착하는 모습을 보였다.

아리스토텔레스부터 현재의 프란치스코 교황과 잡스에 이르기까지 인류의 역사는 이렇듯 '3의 법칙'으로 점철되어 있다. 특히 장사나 영업을 한다면 이 '3'은 반드시 기억해야 할 매직 넘버이다.

신경과학자들은 단기 기억에는 세 개의 요소만 담을 수 있다는 사실을 증명했다. 사람들은 세 조각의 정보는 정말로 잘 기억한다. 그런데 항목이 셋보다 많아지면 두뇌의 파지, 즉 기억 능력은 큰 폭으로 떨어진다. 또한 의사 결정의 요인이 되는 요소도 많아야 세 개라고 한다. 정보를 더 많이 제공하면 합리적인 결정을 더 쉽게 내릴 수 있을 것처럼 보이지만, 실제로는 그렇지 않다. 기억도 못 하고 결정에 영향도 미치지 못하는데 많은 정보를 제공할 필요가 있을까? 그래서 동서고금의 이야기꾼들, 세일즈와 영업의 신들이 그렇게 3에 집착해 온 것이다.

고객에게는 언제나 세 개의 정보를 제공하라. 우리는 그것을 '세 가지 소구점'이라 부른다.

내가 처음 쇼호스트 공채에 합격해 CJ홈쇼핑에 입사했을 때 대표였던 조○○ 사장님은 복도에서 쇼호스트를 마주치면 손에 잡히는 아무 물건이나 내밀며 "이 상품의 세 가지 소구점을 말해 봐!" 했었다. 세일즈 감각을 기르는 트레이닝이었다. 나는 그때부터 눈에 띄는 물건은 무엇이든 세 가지 소구점을 생각하게 되었다.

'소구점'이란 상품이든 서비스든 그것의 장점, 고객의 구매 동기를 자극하는 요인을 말한다. 영어로는 셀링 포인트 selling point라고 한다. 소구점은 '소구(訴求)'에서 왔는데 '소비자의 구매욕을 자극하기 위해 상품이나 서비스의 특성이나 우월성을 호소하여 공감을 구하는 것'이라는 뜻이다. 앞에 나왔던 이성 소구, 감성 소구와 본질 소구, 위협 소구, 성적 소구 등 다양한 방법이 있다.

상품에 따라 다르겠지만 자세히 들여다보면 수많은 소구점을 캐낼 수 있다. 직접 만든 사람일수록 그리고 애정이 많을수록 소구점은 끝없이 늘어날 수 있다. 한 마디로 할 말이 많아진다는 것이다. 할 말이 많은 것은 좋다. 그러나 많이 하면 안 된다.

일단은 상품에 관한 모든 정보를 수집한다. 상품 설명서나 인터넷, SNS의 고객평, 사용 후기 등 정보는 많을수록 좋다. 그 정보에 더해 자신이 찾아낸 상품의 장점을 생각나는 대로 적어보자. 내가 처음 이 작업을 할 때는 작은 '포스트잇'에 소구점을 하나씩 적었다. 그렇게 하면 다음 작업이 편하다. 다음은 분류 작업 categorize이다. 소구점에는 큰 개념과 작은 개념, 상위 개념과 하위 개념이 흩어져 있다. 상위 개념 아래 하위 개념의 소구점들을 모아서 집어넣는 작업이다. 예를 들어 어떤 가방에 '작은 크기', '트렌디한 패턴', '실용적인 어깨끈'이라는 소구점이 있다면 상위 개념인 '디자인' 아래에 묶으면 된다.

1. 디자인
   (1) 작은 크기
   (2) 트렌디한 패턴
   (3) 실용적인 어깨끈

이렇게 하다 보면 1, 2, 3에서 100까지 갈 수도 있다. 그러면 그중에서 가장 중요한 세 가지 소구점을 뽑아내야 한다. 이때 반드시 기억해야 할 것은 철저하게 소비자의 입장에서 해야 한다는 것이다. '나는 왜 이 제품을 사려고 하는가?', '나에게 이 제품이 꼭 필요한가?', '이 제품은 나에게 어떤 이득을 안겨줄 것인가?', '수많은 경쟁 상품 중에서 왜 이 회사의 제품을 사야 하는가?', '수많은 경쟁 매체 중에서 왜 신세계TV쇼핑에서 사야 하는가?', '왜 강동섭에게서 사야 하는가?', '왜 지금 사야 하는가?' 물어보면 답이 보인다. 그렇게 뽑아낸 큰 소구점 세 개가 당신의 명검(名劍)이다.

연습해 보자. 내 남편의 좋은 점 세 가지는 무엇인가? 당신이 앉아 있는 의자의 세 가지 소구점은 무엇인가? 당신이 지금 손에 들고 있는 캐러멜 마키아토의 세 가지 소구점은 무엇인가? 우리 가게의 장점 세 가지는 무엇인가? 우리 가게의 대표 메뉴 세 가지는? 내가 파는 자동차의 세 가지 소구점은 무엇인가? 무엇을 보든 무엇을 하든 세 가지를 생각하라.

하나 더. 세 가지 소구점을 이야기하거나 마케팅에 활용할 때에는 셋 중 가장 중요한 것부터 말하는 것이 좋다. 무조건 두괄식이라고 생각하라. 앞에서도 언급했던 초두 효과^{primacy effect}로, 먼저 제시된 정보가 나중에 제시된 정보보다 더 큰 영향력을 발휘한다.

소구점을 이야기하는 방법에 대해서는 마지막에 나오는 '스토리와 스토리텔링'에서 자세히 다루도록 하겠다.

둘 중 하나

소구점은 세 개를 주라고 했는데, 선택권은 두 개만 주는 것이 좋다.

선택은 돈을 쓰는 고객의 당연한 권리이다. 쇼핑의 즐거움은 선택의 즐거움이기도 하다. 마케팅의 관점에서 본다면 상대방에게 선택의 자유를 주는 것은 강요당한다는 느낌을 줄여주고, 스스로 결정한 것이기에 행동으로 옮길 가능성이 높다는 점에서 세일즈에 도움이 된다. 그런데 사람의 뇌는 게으름 피우기를 좋아해서 생각의 갈등을 줄여주는 것이 좋다. 고민의 여지를 줄이라는 것이다. 그래서 선택의 폭, 즉 옵션은 둘 중 하나, 많아도 셋 중 하나면 된다. '양자택일형 마무리 기법'이라 한다.

나는 방송에서 "일시불로 65만 원에 구입하시겠어요, 무이자로 한 달 2만 원에 구입하시겠어요?"라고 마무리를 자주 한다. UHD TV를 판매할 때에는 55, 65, 75, 85인치의 네 가지 사이즈가 있지만 "75로 하시겠어요, 85로 하시겠어요?"라고 옵션을 두 개만 제시한다. 식당이라면 "스테이크 단품으로 하시겠어요, 수프, 샐러드까지 포함된 세트로 하시겠어요?", "오늘은 게살 크림파스타나 트러플 리소토를 권해 드립니다.", 의류 매장이라면 "블랙으로 하시겠어요, 화이트로 하시겠어요?"처럼 양자택일형 옵션을 제공하라.

단, 부정적인 옵션은 제시하지 말아야 한다. 예를 들어 "지금 주문하시겠어요? 아니면 조금 더 검토할 시간을 드릴까요?"라고 하면 선택의 효과가 없어져 주문으로 연결되기 힘들다. 두 가지 옵션은 긍정과 긍정으로만 제시해야 한다는 것을 기억하자.

희소성의 법칙과
사회적 증거의 법칙

에덴의 동산을 마음껏 누비고 다니던

아담과 이브가 금단의 열매에 손을 댄 것도

바로 '희소성의 법칙' 때문이 아니었을까?

_ 커트 모텐슨(『설득의 힘』 저자)

희소성의 법칙

'매진 임박!'

홈쇼핑 하면 가장 많이 떠올리는 단어일 것이다. 실제 홈쇼핑에서는 '매진 임박'이라는 용어는 잘 안 쓰고 "방송 시간 내에 매진될 것 같습니다."라고 완곡하게 표현한다. 많이들 궁금해하는데 '매진 임박'이나 '매진'이란 표현을 가짜로 쓰면 큰일난다. 방송통신심의위원회에서 중징계를 받는다. 진짜이니 믿으시길.

그렇게 매진될 것 같다고 하면 갑자기 주문량이 많아져서 예정된 시간보다 더 빨리 매진이 된다. 이것을 '희소성의 법칙' 또는 '희귀성의 법칙'이라 한다.

가전제품 매장에서 냉장고를 고르다가 어떤 모델이 막 팔려서 매진되었다고 하면 다른 매장에 알아봐서라도 딱 그 모델을 사고 싶고, 재료가 소진되어 영업이 끝났다고 하면 못 먹은 그 메뉴가 자다가도 꿈에 나온다.

2010년 법정 스님이 입적하면서 더 이상 책을 출판하지 말라고 하자 국내 베스트셀러 상위 20위에 스님의 책 11권이 오르는 기현상이 벌어졌다. 『무소유』 1993년판은 인터넷 경매에서 정가 1,500원의 700배가 넘는 110만 5,000원에 낙찰되기도 했다.

드문 것일수록 매력적이고, 가지기 어려운 것일수록 더 가지고 싶은 법이다. 희귀한 우표나 야구 선수 카드, 동전, 심지어는 자동차까지 수집하는 사람들도 있다. 한정판 스니커즈, 한정판 굿즈, 한정판 음반, 한정판 가구처럼 아예 '한정판'이라고 나오는 것들은 그 전에는 필요도 없고 관심도 없었지만 단지 한정판이라는 이유만으로 갖고 싶다. 자동차도 리미티드 에디션은 소량만 판매된다. 마케팅에서는 '한정 테크닉'이라고도 부른다.

한정판은 갈수록 가치가 올라가 재테크 수단이 되기도 한다. 이 모든 것이 '희소성의 법칙'이다. 홈쇼핑 화면 아래쪽에 남은 시간을 보여주는 것처럼 '시간적 희소성'을 이용하는 방법도 있다.

인간은 이익보다 손실에 민감하다. 선택하지 않으면 손실이라는 인식, 즉 잠재적 상실감에 더 민감하게 반응하는 것이다. '손실 프레이밍 loss framing'이라 한다. 따라서 희소성의 법칙을 잘 이용하면 고객의 결정을 앞당길 수 있다. 물건이 다 떨어져 간다고 하거나 경쟁이 치열하다는 것을 아는 순간, 고객은 수량이나 기회가 무한정이었다면 취하지 않았을 행동을 서슴없이 감행하기 때문이다.

"이 블라우스는 딱 한 벌 남았습니다."라고 하면 인기가 없어서인지 인기가 좋아서인지 헷갈린다. "이 블라우스는 너무 인기가 좋아서 마지막 한 벌 남았습니다."라고 하라. "재료가 소진되어 오늘 영업을 종료합니다. 죄송합니다." 하면 미처 못 먹은 손님은 다음 날 반드시 다시 온다.

희소성 전략을 활용할 땐 상황을 구체적으로 밝히는 것이 좋다. 단순히 '한정 수량'보다는 '단 5점만' 남았다고 말하라. 홈쇼핑에서 "이제 20세트 남았습니다.", "앞으로 3분만 더 보여드릴 수 있겠습니다." 하는 이유가 있다.

희소성과 콜 투 액션의 결합

희소성의 법칙을 더 효과적으로 활용하는 방법은 고객이 해야 할 행동을 구체적으로 유도하는 말, 즉 '콜 투 액션(call-to-action)'을 함께 쓰는 것이다. 고객이 당신의 말을 듣고 아무리 큰 흥미를 느꼈더라도 행동의 변화, 즉 구매 행동을 하지 않는다면 실패한 것이다. 고객은 알아서 행동해 주지 않기 때문에 "Ready, Action!"을 외쳐줘야 한다. 아래와 같이 실행하라.

- **대상 희소성 + 콜 투 액션**

  예) 선착순 50분에 한해서 30% 할인을 해드립니다. 지금 전화 주세요.

- **시간 희소성 + 콜 투 액션**

  예) 딱 3시간만 1+1 행사를 진행합니다. 서둘러서 매장에 방문해 주세요.

- **기회 희소성 + 콜 투 액션**

  예) 무료 사은품을 받으실 수 있는 마지막 기회입니다. 080-000-0000으로 전화 주세요.

희소성과 콜 투 액션 전략은 온라인에서도 적용된다. 웹사이트에서 흔히 보는 배너, 버튼 등이 콜 투 액션이라고 볼 수 있는데 이 버튼과 배너를 눌러 구매 행동을 유발하는 것 역시 맥락은 같다. 급박하고 능동적인 문구 아래 '구매하기' 또는 '더 알아보기' 버튼을 달아 두는 식이다.

사회적 증거의 법칙

1천만 관객이 본 영화는 나도 안 보면 안 될 것 같다. 서점에 가면 제일 먼저 베스트셀러 코너로 가 제일 많이 팔린 책을 산다. 레스토랑에 가서도 "뭐가 제일 잘 나가요?"라고 묻는다. 홈쇼핑에서도 "작년 한 해 100억 돌파!" "10,000세트 판매!" "1등 브랜드!"라고 하면 나만 빼고 다 산 것 같아서 안 사면 트렌드에 뒤처지고 소외되는 느낌이다. 이것을 '사회적 증거social Proof의 법칙'이라 한다.

사회적 증거의 법칙이란 '유행', '트렌드'를 있어 보이게 말하는 용어다. 이 사회적 증거의 법칙은 앞의 사례처럼 세일즈나 마케팅의 모든 분야에서 활발히 활용되는 도구이기 때문에, 어떤 일을 하건 당신도 활용하지 않으면 안 된다. 고객에게 당신의 상품이 엄청나게 잘 나간다는 사실을 끊임없이 어필하라. 그러면 잘 나가게 된다.

몇 년 전 우리나라 청소년은 거의 예외 없이 입고 다닌 옷이 있다. 수십만 원을 호가하는 가격에 부모 등골이 휜다고 해서 '등골 브레이커'라 불렸던 노스페이스 패딩 점퍼다. 뉴스에도 자주 나올 만큼 사회적 문제가 되기도 했다. 또래 집단에서 나만 없으면 소외를 넘어 왕따가 된다고 느낄 만큼 유행의 위력은 셌다. 그 이후엔 롱 패딩 열풍이 전국을 휩쓸더니 최근엔 쇼트 패딩이 트렌드가 되었다.

길에서 3초마다 1개씩 보인다고 '3초 백'으로 불렸던 루이뷔통의 스피디백이나, '강남 쏘나타'로 불렸던 자동차들-BMW 5시리즈, 벤츠 E 클래스에서 마세라티 기블리까지-모두 '사회적 증거의 법칙'에 올라타 대박이 난 상품이다.

사회적 증거의 법칙은 '군중 심리 ^crowd mind'나 '베르테르 효과(모방 효과)'로 설명하기도 한다. 양떼 한 무리가 열심히 달려가면 90% 이상의 양들은 뒤에서 늑대가 쫓아오는지 뭐가 쫓아오는지 알지도 못하면서 따라서 달리고 있는 것이다. 또 다른 말로 '밴드 왜건 ^band wagon 효과'라고도 한다. 축제에서 행렬의 선두에 서는 밴드가 신나게 음악을 연주하면서 행진하면 사람들이 우르르 따라가는 모습처럼, '모두 간다면 나도 따라가야지.', '남들이 한다면 나도 해야지.', '남들이 산다면 나도 사야지.' 하는 것이다.

TV 예능 프로그램을 보면 미리 녹음한 웃음소리를 음향 효과로 들려준다. 시청자들은 녹음된 소리임을 인지하고 있지만 무의식중에 따라 웃게 된다. 웃음소리가 없었다면 그냥 씩 웃고 말았을 장면에서도 누군가의 웃음소리와 함께 나도 박장대소를 하게 된다.

텍사스 대학교 세나 가벤 교수는 어떤 주제에 대해 "당신은 어떻게 생각하는가?"라고 질문했을 때 동의하는 사람은 10% 정도였던 반면에, "모두가 그렇게 생각하는데, 당신은 어떻게 생각하는가?"라고 물으면 동의하는 비율이 약 50%까지 올라가는 것을 발견했다.

마케팅 컨설턴트 캐버트 로버트는 "사람들의 95%는 모방자이며 오직 5%만이 창조자이다. 사람들은 판매원들의 어떠한 판매 전략보다도 다른 사람들의 행동에 의해서 더 쉽게 설득된다."라고 했다.

이렇게 우리가 맹목적으로 좇던 '유행'이 사실은 세상이 멈추지 않고 돌아가게 만드는 동력이라는 것을 아는가? 사람들이 스티브 잡스나 마크 주커버그처럼 평생 똑같은 옷만 입는다고 생각해 보라. 자동차는 부서질 때까지 20년이고 30년이고 탄다고 생각해 보라. 우리는 누구에게 무엇을 팔 수 있겠는가? 끊임없이 소비가 일어나지 않으면 현대 자본주의 사회는 붕괴된다. 사람들이 물건의 수명이 다하기 전에 계속해서 새 제품을 사게 만드는 마법의 물약이 바로 '유행'인 것이다.

"다른 사람들도 다들 샀다.", "다른 사람들도 다들 먹었다.", "인기 최고", "핫 트렌드", "홈쇼핑 300억 판매 돌파", "10만 고객이 선택한", "저희 고객 90%가 이 모델을 선택하셨습니다.", "올해는 퍼플 컬러가 인기입니다." 등의 문구를 외면하는 것은 거의 불가능하다. 자신만 뒤떨어지고 소외되는 것 같아서 마음이 불안해지기 때문이다.

온라인에서 '사용 후기', '고객평'을 활용하는 것도 '사회적 증거의 법칙'을 이용한 마케팅이다. 좋은 평점과 호의적인 후기는 그 자체가 무엇과도 바꿀 수 없는 광고판이다. 누구나 후기가 많고 평점이 높은 제품을 구매한다. SNS나 블로그에 많이 노출되어 있는 제품들도 마찬가지다. 유명 연예인들의 후기 조작 사건들이 있었는데, 그러지는 말자.

한 가지 주의할 점. 고객이 무시당한다는 느낌을 주면 절대 안 된다. 예전에 모 브랜드의 전동 칫솔 광고에서 "아직도 일반 칫솔 쓰세요?" 하는데 욱한 사람이 많았다. 일반 칫솔 쓰면 뒤떨어진 것인가? '아직도?'류의 캠페인은 정말 조심해서 해야 한다.

어느 시대건 변하지 않는
마케팅 성공 전략

요즘은 중요한 비즈니스 의사 결정이 모두 식사 자리에서 이루어진다.

그러나 정작 MBA 과정에서는 이를 고려하지 않는다.

__ 피터 드러커(경영학자)

마이 네임 - 고객의 이름을 기억하라

내가 그의 이름을 불러주기 전에는

그는 다만 하나의 몸짓에 지나지 않았다

내가 그의 이름을 불러주었을 때

그는 나에게로 와서 단골이 되었다

데일 카네기는 "사람의 이름은 그에게 가장 아름답고 중요한 소리라
는 사실을 기억하라."고 했다. 따라서 이름을 기억해 주는 것은 손쉬우
면서도 마음을 움직일 수 있는 최고의 방법이다. 나 역시 회사 근처의

여러 카페 중 내 이름과 적립 번호를 기억해 준 카페에 단골이 되었다. "대인 관계에서 낯선 사람과 이야기를 나눌 때, 혹은 중요한 비즈니스에서 상대방의 이름을 기억하고 불러주는 것은 그에게 '의미'를 부여하는 것과 같다. '의미 있는 존재'가 된 상대방은 당신에게 좋은 친구가 되려고 노력할 것이다."라는 유재화 작가의 말처럼 나는 그 카페 사장과 친밀감이 높아졌고 더 자주 가고 더 많은 사진을 SNS에 올리게 되었다. 또 나와 함께 방송하는 연예인 게스트 중 나보다 훨씬 선배인 최양락, 이무송, 염경환 씨가 매번 후배들의 이름을 기억해 불러주는 모습에 감탄을 하곤 한다.

이미 많은 영업직 종사자들은 자기만의 방법으로 고객을 관리하고 있을 것이다. 기네스북에 오른 전설적인 자동차 판매왕 조 지라드는 매월 13,000명에 달하는 고객에게 카드를 보냈다고 한다. 'I like you'라는 한 마디만 적혀 있었지만 그 효과는 대단한 것이었다. 그런데 13,000명이나 되어서 힘들긴 했겠지만 그 카드에 고객의 이름만이라도 더 적었다면 어땠을까? 요즘은 명절이나 크리스마스에 거의 대부분 카카오톡 메시지로 카드를 대신한다. 그런데 이름 없이 붙여넣기 한 메시지는 썩 반갑거나 유쾌하지는 않다. 번거롭더라도 이름은 꼭 넣도록 하자.

영업직이나 서비스직이라면 고객의 이름을 기억하고 불러주는 노력을 아끼지 않아야 한다. 거기에 생일까지 기억하고 챙겨준다면 그 고객은 평생 VIP 고객이 될 것이다. 우리나라에서 압도적인 1등 커피 체인점 스타벅스에서 고객의 이름을 불러주는 것의 의미를 생각해 보라.

한번 이름을 물어봤다면 메모를 해서라도 꼭 기억하는 것이 좋다. 다음에 다시 또 물어보면 상대방이 서운함을 느끼게 되기 때문이다.

이름과 관련한 재미있는 조사가 있다. 미국의 마케팅 컨설턴트 로저 둘리에 의하면 이름이 A와 B로 시작되는 학생들이 C와 D로 시작되는 학생들보다 성적이 좋다고 한다. 세인트루이스^{St. Louis}에는 이름이 루이스^{Louis}인 사람이 다른 지역보다 많고, 치과 의사^{dentist} 중에는 이름이 데니스^{Dennis}나 데니즈^{Denise}인 사람이 많다고 한다.

내 거면 비싸 보이지 - 심리적 소유권을 선물하라

"손 대지 말아주세요." 이런 안내가 붙어 있는 가게가 종종 있다. 물론 깨지기 쉬운 상품이나 쉽게 더러워지는 상품이면 이해가 가지만 무조건 손 대지 말라고 하면 기분 별로다. 그런데 마케팅을 잘하는 가게에서는 손님들에게 만져보라고 한다.

조앤 팩과 수잔 슈 교수팀은 제품을 만졌을 때와 만지지 않았을 때 사람들이 얼마만큼의 금액을 지불할 용의가 있는지 실험했다. 물건을 만졌을 때 평균 25% 더 지불할 용의가 있는 것으로 나타났다. 물건을 만지는 것만으로 우리의 뇌는 물건을 소유했다는 착각을 일으킨다. 이런 '심리적 소유권'을 갖는 순간 긍정적인 감정이 일어나고, 더 높은 가격에 또는 더 기꺼이 구매로 이어지는 것이다. 옷을 입어보고, 신발을 신어보는 것, 자동차 시승도 마찬가지이다. 사이즈가 잘 맞는지 확인하라고 입어보게 하는 것이 아니라는 것이다. 심지어 만지지 않더라도 "이 제품을 집에 가져가시는 상상을 해보세요. 어떻게 사용하시겠어요? 어디에 놓으시겠어요?" 같은 질문만 해도 고객들이 상상하는 순간 같은 효과가 나타난다. '소유권 형상화ownership imagery'라 해서 일종의 인지적 착각을 이용한 마케팅 기법이다.

홈쇼핑에서 프로모션 도구로 자주 사용하는 무료 체험을 비롯해 시착, 시승을 허락하라. 하다못해 만지지 못하게는 하지 마라. 고객이 내 것이라고 상상하는 순간 25%의 프리미엄이 붙는다.

만 원보다는 구천구백 원! - 왼쪽 자릿수 효과를 기억하라

내가 방송에서 판매하는 제품들은 열에 아홉은 가격이 900원으로 끝난다. 39,900원, 59,900원, 199,900원. 내가 기억하는 이런 가격 표시의 시초는 중학생 때인 1980년대 후반 이랜드의 옷이 꼭 19,900원, 39,900원 이랬다. 어머니가 "가격 참 얄궂네." 했던 기억이 난다.

사람들은 대체로 가장 앞자리, 혹은 왼쪽 자리의 숫자에 더 신경을 쓴다. 20,000원이 아니라 19,900원, 60,000원이 아니라 꼭 59,900원 인 이유가 이것이다. 무이자 할부도 한 달에 4만 원이 아니라 한 달에 39,900원만 내면 되게 가격을 맞춘다. 이렇게 마케팅 차원에서 앞자리를 내리려는 시도는 '닻 내림 효과anchoring effect'를 노리는 것이라고 보면 되겠다. 처음에 제시되는 정보가 일종의 선입관으로 작용해 판단에 영향을 주는 효과인데, 따라서 첫 숫자가 중요하다는 것이다. 그래서 '왼쪽 자릿수 효과left digit effect'라고도 한다.

다이어트 보조 식품 광고에서 80kg에서 65kg으로 감량한 경우와 79kg에서 64kg으로 감량한 경우, 전자가 소비자들에게 훨씬 효과적으로 보인다. 둘 다 15kg 감량했지만 전자는 앞자리 숫자가 두 번 내려갔기 때문이다.

프랑스 브르타뉴 대학교 니콜라스 게강 교수의 실험에서는 팬케이크를 1개 2프랑에 판매할 때는 45.5%가 사 먹었는데, 1개 1.99프랑으로 판매하니 판매율이 59%로 올랐다.

가격만 잘 책정해도 매출이 껑충 뛸 수 있다는 점을 기억하고, 내 상품의 가격을 점검해 보자.

언제 밥 한 끼 먹자 - 중요한 결정은 모두 식사 자리에서 이루어진다

영화 덕후인 내가 잊지 못하는 명대사가 여럿 있는데, 그중 〈살인의 추억〉 마지막 장면에서 박두만 형사(송강호 분)가 박현규(박해일 분)에게 던진 "밥은 먹고 다니냐?"는 너무나 임팩트가 강했다. 내가 주변 사람들에게 가장 많이 하는 말도 "밥 먹자."이다. '석사·박사 위에 밥사, 상식·지식보다 회식'이란 말이 있던데, 함께 밥을 먹는 것은 사람과 사람이 함께하는 행위 중 가장 따뜻하고 가장 아름다운 행위인 것 같다. 김지하 시인도 〈밥은 하늘입니다〉에서 "하늘을 혼자 못 가지듯이 밥은 서로 나눠 먹는 것, 밥은 하늘입니다."라고 하지 않았나. 우리 문화에서 함께 사는 가족을 식구(食口)라고 부르는 것에서도 알 수 있듯 함께 먹는다는 행위 자체가 큰 의미를 가진다. 특히나 설득 커뮤니케이션과 세일즈에서 더욱 그렇다.

커뮤니케이션 전문가들은 한결같이 함께 먹으며 설득하라고 권한다. 식사 자리는 공적인 영역과 사적인 영역이 혼재하는 공간이자 시간이기 때문에 공적인 관계여도 서로의 친밀도가 높아지고 심리 상태가 쾌적해져 마음이 개방된다. 쉽게 설득이나 부탁을 할 수 있게 되는 것이다. 밥이 아니더라도 간단한 간식거리나 음료를 함께 먹는 것으로도 충분히 효과적이다. 예일 대학교 심리학과 어빙 재니스Irving Janis 교수의 실험에서는 학생들에게 과자와 콜라를 제공하면서 설득을 하면 81.1%, 안 주면 61.9%의 성공률이 나타났다. 그리고 가능하면 따뜻한 음료나 따뜻한 음식이 더 효과적이다. 예일 대학교 존 바그John Bargh 교수는 따뜻한 커피와 차가운 커피를 대접하면서 설득하는 실험을 했는데, 물리적으로 따뜻해지면 심리적으로도 따뜻해져 상대방에게 더 따뜻한 반응을 보였다.

매장에 작은 초콜릿을 두고 손님들이 집어 먹을 수 있도록 했을 때 상품 구매 욕구가 올라간다는 실험도 있다. 초콜릿을 한 조각 받아먹은 고객들은 돈을 더 쓰고 싶은 욕구가 '점화'된다는 것이다. 식품을 판매하는 곳이라면 시식거리를 제공하고, 식품 매장이 아니어도 입구에 초콜릿이든 사탕이든 준비해 보자. 특히 영업을 하는 사람이라면 작은 초콜릿 하나, 사탕 한 개의 위력을 무시해서는 안 되겠다.

6장

팔리는 이야기

시그너처 스토리를
찾아서

스토리 없는 브랜드는

살아남지 못한다.

__ 킨드라 홀(『스토리의 과학』 저자)

    송강호, 이병헌, 황정민, 설경구, 이정재, 김혜수, 전지현, 전도연….
우리나라를 대표하는 흥행 보증 수표, 연기의 신이라 불릴 정도로 믿고
보는 배우들이다. 그런데 이런 배우들이 출연했는데도 '폭망'한 영화가
의외로 많다. 분석 기사에는 꼭 이런 말이 달린다. '개연성 없는 스토리',
'상투적이고 빈약한 서사', '시나리오의 구멍을 연기력으로 메우지 못
한'. 결국 가장 중요한 것은 스토리라는 말이다. 영화, 드라마, 소설뿐만
아니라 거의 모든 분야에서 스토리의 힘은 막강하다.

    배우 윤여정에게 아카데미 여우조연상을 안긴 〈미나리〉, 넷플릭스
의 〈오징어 게임〉과 〈마이 네임〉은 K-스토리로 전 세계를 매료시켰다.
〈겨울왕국〉부터 〈코코〉, 〈소울〉로 이어지는 디즈니 애니메이션은 어린

이들뿐 아니라 어른들도 빠져들었고, 〈헝거게임〉, 〈메이즈 러너〉처럼 소설로 스토리를 검증 받은 대작 영화들은 전 세계적으로 어마어마한 돈을 벌어들였다. 2021년 방영된 〈미스 트롯 시즌 2〉 우승자 양지은은 신장을 떼어 아버지께 이식한 후 힘이 안 들어가 국악을 그만두게 되었다는 스토리를 들려주었다. 우승 후 가장 많은 댓글이 '스토리가 진 먹음'이었다(물론 노래도 잘한다). 이제는 다큐멘터리도 〈세상에 이런 일이〉, 〈리얼스토리 묘〉, 〈꼬리에 꼬리를 무는 그날 이야기〉처럼 스토리텔링의 형식을 취한다.

우리는 이야기를 참 좋아한다. 열렬하게 맹렬하게 좋아한다. 동서고금을 막론하고 아기가 잠들기 전엔 옛날이야기bedtime story를 들려준다. 우리의 스토리 사랑은 바로 이때부터 시작된다. 〈양치기 소년〉 이야기를 들으며 거짓말을 하면 안 되는 이유를 배운다. 〈황금알을 낳는 거위〉 이야기를 들으며 욕심을 부리면 안 된다는 것을 깨닫는다.

덴마크의 미래학자 롤프 옌센은 『드림 소사이어티』에서 "우리는 왜 이야기를 갈망하는가? 아득한 옛날부터 인간은 말이나 이미지 또는 글로 표현된 신화나 동화, 전설과 함께 살아왔다. 시대를 막론하고 유목민과 고대 그리스인들로부터 현재에 이르기까지 모든 인간에게는 각자의 이야기와 전설이 있었다. 이는 마치 인간이 항상 도구를 사용하고 음식과 주거지를 찾았던 것과 같다. 다시 말하면, 이야기를 갈망하는 마음은 인간이라는 존재의 의미, 즉 호모 사피엔스에 대한 정의의 일부이다. 우리는 항상 물리적 세계뿐 아니라 정신적인 세계에서도 살아온 것이다."

라고 했다. 방송 일을 시작하고 얼마 되지 않았을 때 이 구절을 읽고 놀랐던 기억이 있다. 이야기가 인간의 정의라니. 『사피엔스』의 저자 유발 하라리도 호모 사피엔스가 오늘날까지 유지되어온 것은 이야기를 할 줄 알았기 때문이라고 했다. "우리는 스토리텔링 능력 덕분에 '단순한 상상이 아닌 집단적 상상'을 할 수 있었다."

고고학자들에 따르면 인류의 조상이 이야기를 만들고 구전한 것은 약 10만 년 전부터다. 문자가 발명된 것은 약 1만 년 전이기 때문에 훨씬 오래전부터 이야기는 일종의 지식 저장고 역할을 해온 것이다. 대부분의 동물이 경험을 통해 배우는 반면, 인간은 자신의 경험을 말로 설명할 수 있었다. 그 덕분에 다른 사람의 이야기를 듣고 직접 그 일을 겪은 것처럼 상상할 수 있었다. 호랑이에게 물려 가는 경험을 해보지 않아도 어린아이들은 호랑이가 무섭고 위험한 동물이라는 것을 배울 수 있었던 것이다. 스토리텔링의 위력은 이렇게 자신이 직접 겪은 일이 아니어도 빠져들게 만드는 상상력에 있다. 프린스턴 대학교의 실험에서 이야기를 들려주는 사람과 이야기를 듣는 사람에게서 뇌의 신경 활동이 거의 동일하게 나타난 것이 그것을 증명한다.

스토리텔링이 명품을 만든다

우리 인간은 쇼핑을 할 때도 스토리를 찾아 다닌다. 스토리, 좀 구수하게 표현하자면 사연이 있는 가게, 사연이 있는 상품을 찾아 다닌다.

내가 가장 좋아하는 구두 브랜드 '락포트'는 부사장이 구두를 신고 마라톤 풀코스를 완주했을 만큼 편하다는 스토리가 있다.

1969년 아폴로 11호가 달에 착륙한 순간 닐 암스트롱과 함께 달 표면에 발을 디딘 버즈 올드린은 오메가의 '스피드마스터 speedmaster' 시계를 차고 있었다. 그 후로 오메가는 최초로 달에 착륙한 시계라는 스토리를 가지게 되었다. 또 007의 시계로도 불린다.

MZ세대의 명품 백으로 불리며 '패피(패션 피플)'들은 하나씩 가지고 있다는 '프라이탁 Freitag'은 스위스의 그래픽 디자이너 마르쿠스와 다니엘 프라이탁 형제가 비를 맞아도 스케치가 젖지 않게 방수 가방을 고안하다 트럭을 덮는 방수포로 가방을 만들면서 시작되었다. 쓰레기가 명품이 되었다는 스토리로 60여 개국에서 없어서 못 팔 정도다. 버려진 물건을 환경적으로 가치 있는 상품으로 재탄생시키는 업사이클 upcycle 의 대명사로 MZ세대의 가치 소비에 딱 부합한다.

최고의 명품으로 불리는 샤넬은 100년 전, 여성을 옥죄던 코르셋을 거부하고 평범한 여성들에게도 자유를 선물한 코코 샤넬 스토리로 지금도 여성들의 압도적인 지지를 받고 있다. '여성을 해방시킨 코코 샤넬'은 일종의 영웅 스토리다.

페라가모 구두는 134가지 공정을 거친 다음 변형을 방지하기 위해 7일간 오븐에 넣는다는 이야기로 최고의 가죽 제품을 의미하게 되었고, 모나코 왕비 그레이스 켈리가 임신했을 때 에르메스 핸드백으로 볼록한 배를 감췄다는 이야기는 전설적인 '켈리 백'의 탄생 스토리가 되었다.

누구에게나 드림 카가 있을 것이다. 슈퍼 카 중에는 많은 사람들이 페라리를 꿈꾼다. 그런데 나는 페라리의 경쟁사인 람보르기니에 마음을 빼앗겼다. 페루치오 람보르기니가 트랙터 사업으로 큰돈을 벌어 스포츠카를 만들고 싶었는데 엔조 페라리에게 트랙터나 만들라는 모욕적인 말을 듣고 세상에서 가장 빠른 차를 만들겠다고 결심했다는 이 스토리가 너무나 매력적이었기 때문이다.

가장 안전한 차라는 볼보는 유명 아나운서 가족이 큰 사고가 났는데 멀쩡했다는 또 하나의 스토리를 얻게 되었다.

언제부터인가 우리 집 구강 세정제가 바뀌었기에 아내에게 물어봤더니 "그거 아빠가 딸 입 냄새 고쳐주려고 만든 거래." 하는 것이다.

우리 회사 근처에는 전국적으로 유명한 카페가 있는데, 수십 년 전 정미소로 사용되다 패션쇼 공간으로 유명해졌다는 스토리가 있다. 암을 극복하고 자신의 건강을 위해 개발한 비건 간식 스토리, 청년 사장의 어머니가 끼니도 못 때우고 일하는 아들 먹으라고 만든 수제 마카롱이라는 스토리로 대박이 났다는 카페도 있다.

무엇보다 애플의 이야기가 빠질 수 없다. 컴퓨터의 원형을 개발한 천재 수학자 '앨런 튜링'이 등장한다. 영화 〈이미테이션 게임〉으로 우리에게 익숙한 인물이다. 2차 세계대전 때 독일군의 암호를 풀기 위해 현대 컴퓨터의 전신으로 평가받는 튜링 머신을 만들었으나, 당시에는 범죄였던 그의 동성애가 발각되어 화학적 거세를 당하게 된다. 결국 1954년 청산가리가 든 사과를 한 입 베어 먹고 숨졌다. 애플의 로고 '한 입 베어 먹은 사과'의 유래에 관한 스토리다. 튜링이 먹고 숨진 사과 품종이 '매킨토시'였다는 것도 또 이야깃거리가 된다. 애플 로고의 유래는 뉴튼의 사과에서 영감을 얻었다는 설도 있지만 이 이야기나 앨런 튜링 이야기 모두 사실이 아닌 것으로 밝혀졌다. 그러나 너무나 매력적인 스토리가 아닌가? 그래서 아직도 수많은 사람에게 회자되는 것이다.

사과 이야기 하나 더. 일본 최대의 사과 산지 아오모리 현에 1991년 태풍이 덮쳐 사과밭이 쑥대밭이 되었다. 10% 정도만 남기고 사과가 다 떨어진 상황. 농부들은 태풍에도 떨어지지 않고 붙어 있는 사과에 (떨어지지 않는) '합격 사과'라는 이름을 붙였고 10배 이상 비싼 값에도 날개 돋친 듯이 팔려 나갔다.

스토리텔링 방식의 광고가 고객을 움직인다

요즘 내가 즐겨 찾아보는 광고가 있다. 광고 한 편에 10분에 달하는, 연극이나 드라마 같은 스토리텔링 광고를 찍어내는 '돌고래 유괴단'의 광고들이다. 송중기의 맘스터치, SSG 공공대작전, 김범수의 VOGO, 유아인의 그랑 사가 등 선보이는 광고마다 대박이다. 조회 수 1천만 회를 넘은 광고도 있고, 댓글에는 '드라마와 같은 스토리텔링', '눈을 뗄 수 없는 스토리텔링', '발단, 전개, 위기, 절정, 결말까지 있는 완벽한 광고' 등 극찬이 이어진다. 유튜브에서 찾아보길 바란다.

스토리텔링 마케팅은 세계관 마케팅으로 확장되기도 한다. 빙그레는 빙그레 왕국이라는 세계관을 만들어 왕위를 이을 후계자 '빙그레우스 더 마시스', 왕자의 비서 '투게더리고리 경' 등을 등장시켰다. 이런 '병

돌고래 유괴단의 스토리텔링 광고

빙그레의 스토리텔링 광고

맛' 스토리에 수백 만이 호응하고 있다.

패션 기업 한섬은 웹 드라마 〈바이트 시스터즈〉를 제작해 유튜브에 올리고 있는데, 뱀파이어 판타지 드라마로 역시 조회 수 수백만을 돌파하고 있다. 혹자는 스토리텔링 마케팅과 세계관 마케팅을 분리하기도 하던데 의미 없다. 다 스토리텔링에 기반한 마케팅이다.

쇼호스트 역시 상품 이야기만 하는 쇼호스트는 많다. 이야기를 들려줄 줄 아는 쇼호스트가 톱클래스다. "○○ 성분이 들어 있어서 주름 개선 기능성이 있어요."는 하수 중의 하수, "연말이라 여고 동창생 모임을 갔어요. 정숙이, 미숙이, 은숙이… 다들 애 키우면서 사십 넘으니까 얼굴에 나이가 보이더라고요. 근데 다들 저보고 혼자 세월을 비켜 갔다고, 비결이 뭐냐고 하니까 너무 뿌듯한 거 있죠." 이게 고수다.

감이 오는가? 우리에게 지금 필요한 것은 스토리다! 당신에게도 당장 필요한 것이 스토리다! 이렇게 다양한 케이스를 나열하는 이유는 이들 중 하나라도 당신에게 영감을 주었으면 하는 바람 때문이다.

스토리텔링은 이미 경제 성장의 새로운 동력으로 자리 잡았다. 롯데온은 2022년 업계 최초로 '최고 스토리텔링 책임자 CSO: Chief Storytelling Officer' 라는 직책을 만들었다. 해외에서는 일찍부터 나이키나 마이크로소프트 등의 기업에서 CSO를 채용해 스토리텔링을 통한 브랜드 이미지 강화 작업을 하고 있다.

당신의 스토리를 만들어라

그럼 당신의 스토리는 무엇인가? 당신 가게의 스토리는 무엇인가? 당신 상품의 스토리는 무엇인가? 거창하게 생각하지 말라. 우리는 소설 작가가 되려는 것이 아니다. 우리는 영화 시나리오를 쓰려는 것이 아니다. 지금 우리에게 필요한 것은 시그너처 스토리 signature story, 친구에게 아는 척하고 자랑할 수 있는 한 줄 스토리인 것이다. 아마존의 제프 베이조스는 "당신이 방에 없을 때 남들이 당신에 대해 말하는 내용이 바로 브랜드다."라고 했다. 사람들이 당신 가게에 대해 뒤에서 말할 때, 사람들이 당신 상품에 대해 뒤에서 말할 때, 사람들이 당신이라는 사람에 대해 뒤에서 말할 때 어떤 이야기를 해주길 바라는가?

정말 파란만장한 스토리가 있지만 추리고 추리면 나는 '암을 극복하고 5조 원어치를 판 쇼호스트'다. 내 지인 중엔 '성악을 공부하러 이탈리아 갔다가 커피를 배워 온 바리스타'와 '서울대 나왔는데 빵이 너무 좋아 파티시에가 된 사람'도 있다. 이런 스토리를 '창업자 스토리'라고 한다. 코코 샤넬, 람보르기니와 스티브 잡스, 마윈, 손정의 등의 스토리를 떠올려보면 된다. "창업자 스토리를 제대로 들려준다면 모든 인간의 핵심 욕망을 파고들 수 있다. 창업자가 지금 얼마만큼 성공했는지와는 상관없이 초창기의 스토리를 들려주어야 하며, 절대로 멈추지 말아야 한다." 세계 최고의 스토리텔링 컨설턴트 킨드라 홀의 말이다. 에어비앤비 투자사 안드리센 호로위츠의 제프 조던은 "모든 뛰어난 창업가는 뛰어난 이야기를 들려줄 줄 안다. 뛰어난 이야기는 사람들이 믿음을 갖게 만드는 핵심적인 요소이다."라고 했다.

상품 자체에 얽힌 이야기도 있을 것이다. 킨드라 홀이 들려주는 향수 '에잇 앤 밥' 스토리가 좋은 예다. 앞의 락포트와 오메가 스토리도 그렇다. 당신의 시그너처 메뉴에 관한 이야기, 원료에 숨어 있는 이야기도 사람들은 궁금할 것이다.

할리우드의 명감독 게리 마셜은 "할리우드의 감독들은 자기 영화가 돈이 될지 안 될지를 예측할 수 있다. 극장을 나서는 관객들이 그대로 기억해 내는 대사가 있느냐가 그 기준이다."라고 했다. 영화를 보고 나면 잊히지 않는 한 마디의 대사처럼, 10년이 지나도 잊히지 않는 광고의 카피처럼 고객의 머릿속에 착 붙는 카피를 만들어보자.

내 머릿속에 돌아다니는 대사와 카피는 이런 것들이 있다. "우린 깐부잖아?", "너는 계획이 다 있구나!", "묻고 떠블로 가!", "나 이대 나온 여자야!", "모히토 가서 몰디비 한잔혀야지?", "I am your Father", "I'll be back", "니들이 게맛을 알아?", "4딸라!", "빨래 끄을~~", "침대는 가구가 아닙니다. 과학입니다", "H는 묶음이야", "타이어, 신발보다 싸다"…

이런 것들 중에서도 영감을 얻었으면 좋겠다.

대니얼 카너먼이 말한 4가지 인지적 편향 중 하나인 '이야기 편향'은 실체적 진실보다 잘 짜인 이야기가 더 큰 힘을 발휘한다는 것이다. 100% 진실이 아니어도 괜찮다는 말이다. MSG를 조금 첨가해도 좋다는 뜻이다.

그럼 다음 질문들을 보면서 당신만의 스토리를 완성해 보라.

- 당신은 어떤 인생 스토리를 가졌는가?
- 당신은 왜 이 일을 시작하게 되었는가?
- 당신은 누구에게 이 일을 배웠는가?
- 당신의 인생에서 가장 힘들었던 일은 무엇인가? 어떻게 극복했는가?
- 지금 이 일과 관련해서 가장 자랑스러운 것은 무엇인가?
- 지금 이 일과 관련해서 가장 힘들었던 것은 무엇인가? 어떻게 극복했는가?
- 당신의 제품은 누가 만들었는가? 그 사람이 가지고 있는 스토리는 무엇인가?
- 당신의 제품은 어디에서 왔는가? 그 지역이 가지고 있는 스토리는 무엇인가?
- 당신의 제품의 소비자는 누구인가? 그 사람이 가지고 있는 스토리는 무엇인가?

세일즈를 위한
스토리텔링

마케팅의 핵심은 더 이상 당신이 만드는 물건이 아니라,

당신이 들려주는 이야기다.

_ 세스 고딘(마케팅 전문가, 작가)

내가 지인들과 카페에서 수다를 떨 때 종종 꺼내는 이야기가 있다. 일명 '강동섭 CJ 공채 합격기'. 이 이야기만 들려주면 빵빵 터진다. 모든 이야기처럼 "옛날 옛적에~"로 시작한다. 종종 "라떼는 말이야~"로 시작할 때도 있다. "옛날 옛적에 가난한 신학생이 졸업을 앞두고 먹고살 길이 막막해서~~ MBC방송아카데미~~ 2년 동안 방송국 50군데 시험을 봤는데 다 떨어진 거야~~ 아… 얼굴이 하자구나… 쌍꺼풀을 했지! 근데 쌍꺼풀 수술하고 딱 이틀 후에 CJ 면접인 거야~~ 부기가 빠지겠냐구??" 이후 이야기는 지면 관계상 개인적으로 만나면 들려드리겠다.

이렇게 이야기를 풀어내는 기술을 스토리텔링이라고 한다. 이렇게 해서 소설도 나오고 영화 시나리오도 나오는 것이다. 그런데 앞에서 말

한 것처럼 우리는 소설 작가가 되려는 것이 아니다. 우리는 영화 시나리오를 쓰려는 것이 아니다. 물론 이야기를 잘하면 친구들 사이에 인기도 좋아지고 또 다른 기회가 열릴 수도 있겠다. 하지만 지금 우리는 세일즈 스피치를 하는 것이다. 세일즈 스피치의 미덕은 앞에 나왔던 KISS의 법칙이다. 짧고 단순하면서 효과적으로 사람들을 설득할 수 있는 스토리텔링 방법이 있다. 세일즈 스피치의 마술 지팡이다. 이 방법을 연습해서 실전에서 마음껏 써먹을 수 있을 정도가 되면 인생이 바뀔 것이다.

이야기를 풀어내는 방법은 여러 가지가 있다. 가장 단순하게 서론-본론-결론 또는 정-반-합 3단 구조가 있고, 기-승-전-결 4단 구조, 발단-전개-위기-절정-결말 5단 구조 등이 있다. 우리에게 가장 익숙한 것은 기승전결(起承轉結)이다. 왜냐하면 어릴 때부터 들어왔던 거의 모든 이야기가 이렇게 생겼기 때문이다. 혹자는 기승전결이 옛날 방식이라고 말한다. 옛 중국의 한시(漢詩)에서 유래했기 때문인데 우리 전통의 이야기와 함께한 지 너무나 오래되어 우리의 의식 구조에 아주 익숙한 방식이다. 그래서 아직도 많은 소설과 드라마, 영화가 이 방식을 따르고 있다.

그런데 세일즈 스피치와 설득 커뮤니케이션에서는 세계적으로 각광받는 이야기 방법이 따로 있다. 프렙PREP이다. 하버드 대학교에서는 오레오OREO라고 가르치던데, 똑같다.

P: Point	R: Reason	E: Example	P: Point
O: Opinion	R: Reason	E: Example	O: Opinion

PREP은 결론(요점)을 먼저 말한다. 그런 다음 이유를 말하고, 예를 들어주고, 다시 결론을 말하는 4단 구조이다. 기승전결은 결론이 마지막에 나오는 미괄식(尾括式)인데, PREP은 결론이 앞, 뒤에 나오는 양괄식(兩括式)이라는 것을 기억하라. 영화 중에도 결론이 먼저 나오는 영화가 많다.

여기서 잠깐!

무대 공포증/청중 공포증/카메라 공포증에 대처하는 법

1. 거울 보며 연습하기
2. 큰 소리로 연습하기
3. 많이 연습하기
4. 핵심 정리 메모장 준비하기
5. 오프닝 준비 철저히 하기
6. 네이비 실(Navy Seal) 호흡법
   오사마 빈 라덴을 사살한 세계 최강의 특수 부대에서 사용하는 긴장을 풀어주고 집중하게 해주는 호흡법. 4-4-4-4만 기억하라. 먼저 4초 동안 숨을 들이쉰다. 4초 동안 숨을 참는다. 4초 동안 숨을 내쉰다. 다시 4초 동안 숨을 참는다. 심박 수가 떨어지고 마음이 차분해질 때까지 반복한다.
7. 주먹 쥐기
   주먹을 쥐는 것만으로도 적극적이 되고 자신감이 강해진다.
8. 번지 점프, 홀로 야간 산행
   방송 아카데미 학생들에게 시켜서 효과를 본 방법. 겁 상실 효과.
9. 계속 많이 경험하기
   실전이 최고의 연습이다. 꾸준히 계속하다 보면 고수가 된다.

스토리텔링 연습하기

"온수 매트를 쓰면 난방비를 아낄 수 있다."는 소구점으로 예를 들어보자. 가장 단순한 예로 각 항에 한 문장씩만 대입해서 스토리텔링을 하는 방법이다.

起(발단): 날씨가 많이 추워져서 다들 보일러 돌리고 계시죠?
承(전개): 겨울 내내 보일러 돌리면 난방비가 장난이 아닌데…
轉(절정): 온수 매트 쓰시면 전체 난방을 안 해도 돼서 난방비를 엄청 아낄 수 있어요.
結(결말): 잠자리도 따뜻하게~ 난방비도 절약할 수 있는 온수 매트 써보세요~.

- -

P(Point): 너무 추워졌어요. 이럴 땐 온수 매트가 필수인 거 아시죠?
R(Reason): **왜냐하면** 겨울 내내 보일러 돌리면 난방비 폭탄 맞거든요.
E(Example): 저희 집에 15만 원 나오던 난방비가 온수 매트 쓰고 나서부터 10만 원도 안 나와요.
P(Point): 여러분도 온수 매트 구입해서 따뜻하게 겨울 나시고 난방비도 아껴보세요~.

- -

P: 정관장은 홍삼에 관한 한 세계 최고의 기술력을 가지고 있습니다.
R: **왜냐하면** 116년 동안 홍삼만 연구했기 때문이죠.
E: 10년 이상만 한 우물을 파도 최고의 전문가라고 하는데 116년이나 말입니다.
P: 그래서 최고의 홍삼을 찾는 분들은 정관장, 정관장 하는 것입니다.

- -

이런 식으로 한 문장씩만 넣어서 얼개를 짜는 연습만 계속해도 세일즈 스피치를 상당한 수준까지 훈련할 수 있다. 이유를 말할 때 '왜냐하면'을 넣는 것도 잊지 말라. 익숙해지면 각 항목마다 살을 붙여서 이야기를 조금 더 풍성하게 꾸밀 수도 있다.

제시문 1 우리 오늘 저녁에는 중식당으로 가자

P _____

R _____

E _____

P _____

제시문 2 아빠, 저 용돈 좀 올려주세요.

P _____

R _____

E _____

P _____

제시문 3 우리 가게는 성수동에 얻는 것이 좋을 것 같아요.

P _____

R _____

E _____

P _____

부록

민지(MZ)야,
놀자

민지들의 특징: 그들은 현명하다

"Latte is a horse~" 무슨 뜻인지 아는가? "라떼는 말이야~", 나 같은 꼰대들이 젊은 친구들에게 "나 때는 말이야" 하면서 아는 척하고 거들먹 거리는 것을 조롱하는 말이다. 이제 그러지 말아야겠다.

동서고금을 꿰뚫는 진리 하나는 기성세대에게 젊은이들은 늘 버릇이 없다는 것이다. 3,400년 전 이집트 벽화에도 "요즘 젊은 것들은 버릇이 없다."는 글이 남겨져 있다고 하는데, 내가 젊었을 때도 정말 많이 들었다. 그런데 지금 이 젊은 친구들은 뭔가 다르다. 심상치가 않다. 단순히 '버릇이 없다'고 매도하기엔 나 같은 기성세대를 기 죽이는 무언가가 있다. 이 젊은 친구들을 뭉뚱그려 'MZ세대'라 부른다. 시사 주간지 〈시사저널〉이 선정한 2021 '올해의 인물'이 'MZ세대'였을 정도이니, 이 MZ 세대는 지금까지의 여느 신세대의 출현과는 다른 무언가가 있는가 보다. 미디어들도 연일 MZ세대를 분석하는 기사를 쏟아내고 있고, 기업들은 그들을 겨냥한 제품 개발과 마케팅 전략 수립에 사활을 걸고 있다. 대기업의 CEO와 임원 자리도 MZ세대로 채워지고 있다. 네이버는 1981년생 CEO를 발탁했고 삼성도 30대 여러 명이 임원으로 승진했다. 2022년부터는 산업 전반에 'MZ세대의, MZ세대에 의한, MZ세대를 위한' 바람이 불 전망이라 하니 이제 MZ세대를 모르고는 성공은커녕 돈

한 푼 벌기 힘든 세상이 되었다.

'MZ세대'는 1980~1990년대 중반에 태어난 밀레니얼^{millennial} 세대(M세대)와 1990년대 중반~2000년대 중반에 태어난 Z세대를 합쳐서 부르는 말이다. 전문가들이 분석한 MZ세대의 특징은 다음과 같다.

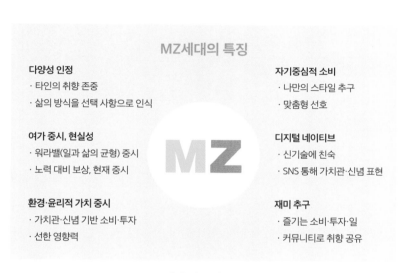

출처: 이코노미조선

사회 현상으로 연구될 정도로 지금 가장 뜨거운 단어인데 정작 당사자들은 뜨뜻미지근하다. 2002년생으로 'MZ세대의 아이콘'이라고도 불리는 래퍼 영지는 "MZ세대는 알파벳 계보(세대 분류)를 이어가고 싶은 어른들의 욕심인 것 같다. MZ세대들은 막상 자신들이 MZ세대인 것도 모른다."라고 했다. 역시 MZ세대인 임명묵 작가도 "세계화, 정보화와 함께 태어난 '디지털 네이티브' 세대가 최초로 성인이 되어 본격적으로

이슈별 MZ의 가치관

출처: 이은형 국민대 경영대학장

주요 제시어	기존 세대	MZ세대
상사의 지시는	시키는 대로 따른다	이유는 알고 따라야
회사의 발전은	나의 발전이다	나와는 별개다
일이냐 개인이냐	선공후사(先公後私)	선사후공(先私後公)
부서 회식은	업무의 연장이다	점심때, 비싼 걸로
디지털 발전은	낯설고 두렵다	신나고 편하다
임원 승진은	가능한 목표다	얼마나 오래 다닐까

사회에 진출하면서, 기존 세대가 위화감을 느끼게 된 것 같다. '얘네 다르다', '설명이 안 된다'는 생각이 들면서 논의가 활발하게 이뤄진 것이다. 거기에 청년의 복잡한 현실이나 다양한 면모에 대해 이해가 잘 안되니까 'MZ들은 달라'라며 퉁 치고 넘어가려는 이들의 '지적 편의주의'도 담겨 있는 것 같다."라고 분석했다. 그런데 M세대와 Z세대를 누가 왜 MZ로 묶었는지는 모르겠지만 하나로 묶기엔 연령 폭이 너무 넓다. M세대인 1980년생은 벌써 불혹을 넘어 이제 기성세대에 속한다. 급변하는 세상에서 20년 넘는 연령대를 한 그룹으로 묶는 것이 이렇게 억지스럽다 보니 이제는 두 세대를 비교하며 따로 분석하는 추세이다.

신한카드 빅데이터 R&D본부의 보고서에 따르면, M세대와 Z세대는 재미를 추구하고 사고가 자유로우며 사생활 간섭을 싫어한다는 공통점이 있지만 뚜렷한 차이점도 있다. M세대 키워드는 '실속', Z세대는 '편

M세대	구분	Z세대
1980년~2000년생	나이	1990년대 중반~2000년대 중반생
유명 연예인	영향 받는 사람	인기 유튜버
가격	소비 시 중요점	디자인과 포장
평소엔 실속 챙기다 때때로 과감한 소비	소비 패턴	쉽게 충전해서 가볍게 사용하기
부모를 권위적이라고 생각	부모와의 관계	부모를 친구처럼 생각
워라밸(Work-life-balance) 일과 생활의 분리	삶의 가치	워라블(Work-life-blend) 일과 생활의 통합
공통점: 디지털 세대, 재미를 추구하고, 사고가 유연하며, 사생활 간섭을 싫어함		

의'를 선정했는데, 예를 들어 M세대는 "100원씩 아껴 모은 돈으로 특급 호텔에서 밥 먹을래요.", Z세대는 "모으는 것도 귀찮아요. 쉽게 충전해서 그때그때 쓸래요." 하는 식이다.

일에 대한 태도는 M세대는 '워라밸work-life balance'을 추구하는 반면, Z세대는 '워라블work-life blend', 즉 일과 생활이 통합되어 자신의 커리어 만족감을 더욱 추구한다고 한다.

2021년 12월 온라인 설문조사 기관 오픈서베이의 'Z세대 트렌드 리포트 2021'에 따르면 M세대는 삼성 갤럭시(55.7%)를, Z세대는 아이폰(53.3%)을 선호하고, 앱 사용 빈도는 M세대는 메신저 62.5%, 동영상 60.5%, SNS 39.3%, Z세대는 동영상 73.3%, SNS 54%, 메신저 48.3%로 다소 차이가 났다. 관심사는 M세대는 재테크 79.2%, 진로와 직업

61.2%, 연애 38.3%, Z세대는 진로와 직업 71.7%, SNS 56.6%, 친구 관계 55.5%로 나타났다. 행복한 삶을 위한 조건으로는 MZ 모두 돈, 건강, 가족을 꼽았다.

경기연구원의 2021년 12월 'MZ세대를 들여다보다' 보고서에서 M세대는 '결혼하는 편이 낫다'가 40.0%, '상관없다'가 37.8%였던 반면, Z세대는 '결혼하지 않아도 상관없다'가 53.5%로 더 높았다.

우리나라의 M세대는 약 1,073만 명, Z세대는 약 830만 명. 합치면 약 1,900만 명으로 전체 인구의 36.7%에 달한다. 경제 활동 인구 약 2,857만 명 중 MZ세대는 45%로 이미 MZ세대가 소비의 중심이 되었다.

미국 세대 연구 기관 CGK의 창업자 제이슨 도시와 데니스 빌라 박사는 "MZ세대는 트렌드 세터이다. 미래의 비즈니스에 막대한 영향을 미치고 궁극적으로 비즈니스 형태를 완전히 바꿀 세대로 업종과 국가의 경계를 넘어 새로운 일상을 예고하고 있다."라고 했고, 서용구 숙명여대 경영학과 교수도 "MZ세대는 수도권과 같다. 수도권 소비층을 놓치면 사업 확장에 어려움을 겪는 것처럼, MZ세대를 놓친 비즈니스는 지속 가능하기 어렵다."라고 말했다.

MZ세대는 개인적 소비에 그치지 않고 SNS 등을 통해 경험과 일상을 활발히 공유하는 소비문화, 즉 공유적 소비를 만들어가고 있기 때문에 파급력이 크다. 브랜드 충성도가 높은 편은 아니지만 의미와 가치를 느끼면 소비를 아끼지 않는다. 반면 신뢰를 떨어뜨린 기업은 적극적인 불매 운동을 펼쳐 사죄를 하게 하거나 순식간에 망하게 만들 수도 있다.

명품 브랜드 구찌는 30세 미만 직원들로만 구성된 의사 결정 조직 '그림자 위원회'를 구성해 모피 사용 중단, 젠더 감수성 디자인 적용, 스트리트 패션 브랜드와의 협업 등을 진행하고 있고, 나이키는 흑인, 여성, 장애인 인권에 목소리를 내 MZ에게 인정받고 있다. 콧대 높던 백화점도 1, 2층에 MZ세대를 겨냥한 콘텐츠를 적극 투입하고 다양한 팝업 스토어를 개설하고 있다.

이런 세일즈 환경에서 MZ세대의 특성을 몇 가지 키워드로 정리해 보려 한다. MZ세대를 이해하고 그들을 대상으로 세일즈와 마케팅을 기획할 때 조금이나마 도움이 될 것이다.

콜 포비아
& 모바일 네이티브

MZ세대에게는 전화를 하는 것이 실례란다. 카카오톡 같은 메신저 앱을 통해 소통을 하고, 전화 통화는 꺼리는, 심지어 음성 통화를 두려워하는 증상인 일명 '콜 포비아^{call phobia}'를 가진 사람이 늘어나고 있다. 한 포털 사이트의 조사 결과 성인 남녀 중 46.5%, 주로 스마트폰에 익숙한 젊은 세대에서 많이 나타난다.

콜 포비아를 겪는 이유 TOP 5   출처: 잡코리아 × 알바몬

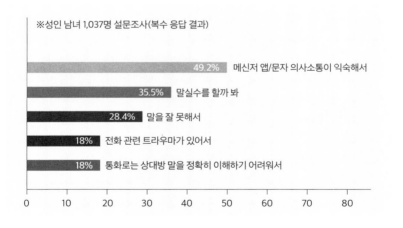

어느 회사의 팀장은 2년간 함께 일한 20대 팀원이 카톡으로 퇴사 통보를 해 와 황당했다고 한다. '콜 포비아'가 직장 내에도 확산하고 있다는

것이다. 칼럼니스트 파멜라 폴이 뉴욕타임스에 '전화하지 마세요. 저도 전화하지 않을래요'라는 제목으로 콜 포비아에 대한 칼럼을 쓴 것이 벌써 10년 전이니 새삼스러울 것도 없다. 전화는 생각할 틈 없이 바로 반응해야 하기 때문에 부담스럽고, 텍스트로 소통하는 것이 더 편안하단다. 음식 주문을 할 때는 배달 앱을 사용하고, 온라인으로 쇼핑을 하거나 관공서에 볼 일이 있을 때도 앱을 깔아서 챗봇^{chatbot}을 이용한다.

MZ세대인 임명묵 작가도 세계화, 정보화와 함께 태어난 '디지털 네이티브' 세대가 최초로 성인이 되어 사회에 진출한 것이 MZ세대라 했는데, 잠자는 시간 빼고는 스마트폰을 손에서 놓지 않는 '모바일 네이티브'라 불러도 좋을 것 같다. 오죽하면 스마트폰도 인간 장기 중 하나라고 '오장칠부'라는 말까지 나왔을까. 중학생인 내 딸 역시 공부도 게임도, 취미인 그림 그리기도 모두 모바일로 한다. 웹툰 작가가 되고 싶다고 하니 놔둬야 하겠다.

모바일 네이티브인 MZ세대가 주요 소비층으로 부상하면서 유통 시장도 엄청난 변화를 맞고 있다. 폭발적으로 성장하고 있는 라이브 커머스가 기존의 쇼핑몰과 홈쇼핑 시장을 잠식하기까지는 그리 오래 걸리지 않을 것이다. 접근성이 좋고 쌍방 소통이 가능해 자기 표현 욕구가 강한 MZ세대에게 꼭 맞는 쇼핑 플랫폼이기 때문이다.

네이버, 카카오, 쿠팡 같은 국내 최대의 플랫폼 기업뿐만 아니라 홈쇼핑, 온라인 쇼핑몰들도 라이브 커머스 전환에 기를 쓰고 있다. 그런데 라이브 커머스는 스마트폰만 있으면 누구나 어디서든 가능하기 때문에 소상공인들도 자신의 집이나 가게에서 손쉽게 방송을 할 수 있다. 코로나19 시국이 길어지는 상황에서 오프라인 매장에 주력하던 소상공인들의 탈출구로 라이브 커머스가 거의 유일한 대안이니 하루라도 빨리 시도해 보기 바란다.

다시 MZ세대로 돌아가서, 사회생활을 하면서 특히 세일즈나 마케팅을 하려면 반드시 커뮤니케이션 능력이 있어야 하기 때문에 MZ세대들은 이 책을 꼭 봤으면 좋겠다.

민지의 말

이제 곧 사춘기가 시작되는 내 딸과의 대화는 갈수록 힘들어진다. 질
풍노도의 시기라서가 아니라 딸이 하는 말을 도무지 알아들을 수가 없
기 때문이다. 그래서 마음먹고 요즘 많이 들리는 말들을 정리해 보았다.

민지의 말	뜻풀이
N차 신상	몇 번째 받아 쓰더라도 새것에 버금가는 가치를 가지고 있는 중고품. 여러 차례 거래되더라도 신상품과 다름없이 받아들여지는 트렌드.
갓생	god + 인생. 성실하고 부지런한 삶
골린이	골프 + 어린이. 골프 초보자를 뜻함.
귀띠머신	커피머신
꾸꾸꾸	꾸며도 꾸질꾸질
꾸안꾸	꾸민 듯 안 꾸민 듯
네넴띤	비빔면
네카라쿠배	취업 준비생들이 가고 싶은 5개 회사. 네이버, 카카오, 라인, 쿠팡, 배달의민족
다꾸	다이어리 꾸미기
띵작	명작
레게노	레전드, 전설 등을 의미함.
반모	반말 모드. "저랑 반모 하실래요?"
벤비아	3대 자동차 브랜드. 벤츠, 비엠더블유, 아우디

민지의 말	뜻풀이
스띠귀	스피커
스불재	스스로 불러온 재앙
식집사	식물 + 집사. 식물을 기르는 사람을 비유적으로 이르는 말
쌉가능, 쌉파서블	'완전'을 강조하는 접두어 쌉 + 가능, 완벽하게 가능하다는 뜻
ㅇㄱㄹㅇ ㅂㅂㅂㄱ	이거 레알 반박 불가
아싸	아웃사이더
알잘딱깔센	알아서 잘 딱 깔끔하고 센스 있게
어쩔티비	'어쩌라고'라는 뜻의 신조어. "어쩔티비 저쩔티비~", "어쩔티비~ 어쩔 냉장고~", "어쩔다이슨"
억텐	가짜 텐션. 억지로 호응하는 것을 말한다.
없그레이드	더 나빠졌을 경우
에루샤	3대 명품 브랜드. 에르메스, 루이뷔통, 샤넬
옆그레이드	업그레이드했지만 더 나아진 것이 없는 경우
오하운	오늘 하루 운동
완내스	완전 내 스타일
웃안웃	웃긴데 안 웃겨. 웃기지만 슬픈 상황을 표현
월와핸	월드 와이드 핸섬
인싸	인사이더. 친구들과 잘 어울리고 인맥이 넓은 사람. '인싸력이 좋다'고 표현하기도 한다.
있어빌리	더 있어 보이게, "있어빌리한 광고"
자린이	자전거 + 어린이. 자전거 초보자를 뜻함.
점메추	점심 메뉴 추천

민지의 말	뜻풀이
제곧내	제목이 곧 내용이다.
쯤쯤따리	시시하고 별 볼 일 없는 평범한 것. 너무 적어 하찮은 양
찐텐	진짜 텐션. 진짜로 호응하는 것을 말한다.
커엽다	귀엽다
크크루삥뽕	웃음소리를 나타내는 의성어
킹리적갓심	구체적이고 명확한 사실에 기반한 합리적 의심
킹받네	'열받네'의 부정적인 의미는 거의 없어지고 킹의 귀여움이 더해 긍정적인 열받음을 뜻함. "스우파 멋있어서 킹받네!"
폴꾸	폴라로이드 꾸미기
핑프	스스로 정보를 찾아볼 생각 없이 사소한 것까지 무작정 물어보는 사람
헬린이	헬스 + 어린이. 헬스 초보자를 뜻함.
히뜩하네	기발하고 재미있는 아이디어를 뜻함.

언제나 젊은 세대들은 자기들만의 독특한 언어 유희를 즐기는 경향이 있는 것 같다. 2000년대 초반에도 즐, OTL, 썩소, 솔까말, 갠소, 폰악셀, 버카충 같은 줄임말이 유행했지만 지금은 거의 사라졌다. MZ의 말들도 언젠가는 자연스럽게 도태되고 다음 세대의 언어 유희가 나오겠지. 그래도 지금 시장을 지배하는 MZ의 말들을 알아두는 것이 세일즈에 도움이 될 것이다.

Instagramable

'Instagramable'이란 '인스타그램에 올릴 만한'이란 뜻의 신조어로, 주로 예쁜 장소나 예쁜 음식 사진을 말한다. 2018년 프랑스 일간지 르피가로가 처음 사용했다. 인스타그램을 비롯한 SNS에 많은 사람이 '좋아요'를 누르고 팔로어가 많아지면 못해도 '인싸', 잘되면 '인플루언서'가 된다. 기업 입장에선 많은 사람의 공감을 받으면 매출 증가로 이어지기 때문에 마케팅의 최신 트렌드이자 필수 도구가 되었다. SNS에서 먼저 인기를 얻고 시장에서 대박이 난 상품이 점점 많아지고 있다.

MZ세대는 인플루언서가 다녀간 카페나 식당을 찾는다. '#홍대맛집 #성수동카페' 같은 해시태그로 검색하면 줄줄이 나온다. 들어가면 사진이 잘 나오는 자리에 앉는다. 인스타그램에서 미리 자리와 메뉴를 보고 가기도 한다. 몇 시쯤 가면 사진이 가장 예쁘게 나오는지도 공유한다. 주문 메뉴가 나오면 너나없이 사진부터 찍는다. 그냥 찍지 않는다. 사진이 예쁘게 나올 수 있도록 세팅도 다시 하고 찍는다.

일명 '플렉스'라고 하는 허세 소비문화도 눈여겨봐야 한다. '플렉스'란 고가의 제품을 구매하며 기분 내는 행동을 말한다. '#플렉스 #플렉스 해버렸지뭐야' 같은 해시태그를 달아 반드시 자랑을 해야 한다. 안 쓰고 돈을 모아도 집 한 채 사기 힘든 경제적 문제와 코로나19로 인한 보복 소비 심리까지 겹치며 MZ의 플렉스는 점점 커가고 있다. 2021년 명품 구매 고객을 보면 현대백화점 48.7%, 신세계백화점 48.5%, 롯데백화점 45.1%가 MZ세대였다. 특급 호텔의 크리스마스 케이크는 25만 원짜리 최고가 케이크까지 조기 품절되었다.

'바프(바디 프로필)' 열풍도 대단하다. 가장 아름다운 젊은 시절의 몸매를 남기고 싶어 하는 MZ세대들은 매일 운동하는 모습을 올리고 식이 노하우도 알려주고, 바디 프로필 잘 찍는 스튜디오도 공유한다. 최종적으로 전문가의 수정까지 들어간 바프를 올리면 '좋아요'가 치솟는다. '#오하운#운동하는여자#운동하는남자#홈트#바프' 같은 해시태그가 인기다.

바프 열풍과 함께 운동용 의류, 단백질 식품, 비건 식품, 홈트(홈 트레이닝)용 운동 기구도 대박이 났다.

당신이 오프라인 매장을 운영한다면 이미 알고 있겠지만 이 'Insta-gramable'은 진짜 진짜 중요하다. 대놓고 간판에 '인스타 사진 명당', '인스타 맛집'이라고 써 붙여놓은 매장도 많아지고 있다.

인테리어를 다시 한번 살펴보자. 무엇보다 조명이 중요하다. 메뉴도 다시 한번 살펴보자. 무엇보다 예뻐야 한다.

레트로 감성

"유행은 돌고 돈다."라고 했지만 이런 것들이 나올 줄은 몰랐다. 곰표 밀맥주는 편의점 사상 최초로 수제 맥주가 국내 판매량 1위에 오르는 기록을 세웠다. 처음부터 MZ세대를 겨냥해 기획했다고 하는데 정말 너무나 재미있고 천재적인 기획이라 생각한다. '곰표', '말표'뿐만 아니라 사회 각 분야에서 레트로의 열풍이 정말 거세다. '레트로 retrospect'는 '복고'라는 이름으로 언제나 존재했지만, 지금 유행하는 레트로는 세기말의 암울함과 2000년대 초반의 희망찬 분위기가 뒤섞여 있던 Y2K 감성에 MZ세대 특유의 재기 발랄함이 어우러져 이런 독특한 레트로로 재탄생하고 있다.

폴꾸(폴라로이드 사진 꾸미기), 다꾸(다이어리 꾸미기)가 놀이처럼 유행하고, 수십 년 전에 CD에 자리를 내주고 퇴장한 LP가 부활하고 있다. LP를 고집하는 사람들은 늘 있었지만 젊은 층에서 LP에 대한 관심과 사랑이 이렇게 폭발할 줄은 아무도 몰랐다. MZ세대의 LP 열풍을 타고 홈쇼핑에서도 턴테이블과 LP 판매 방송을 진행했다. 미국과 유럽에서는 2020년 상반기, 34년 만에 LP가 CD보다 많이 팔리는 특이한 기록을 남기기도 했다.

인간은 향수(鄕愁) 속에서 현재의 어려운 상황을 위안받는다. 레트

레트로 유행을 타고 새로 출시된 다양한 상품

로 감성은 바쁜 현대 사회에 지친 우리를 위로하고 안정감을 전달한다. 그런데 그 시절에 갓 태어난 MZ세대에게 무슨 향수가 있을까? MZ세대는 레트로 감성 그 자체를 새로운 경험으로 받아들이고 있다. 특히 트렌드에 민감한 IT 분야에 아날로그 감성이 더해질 때 젊은 층에게 더욱 신선하게 다가가는 것 같다. 감성은 아날로그적일 때 더 와 닿는 법이니까.

이렇게 레트로 마케팅은 MZ세대에게는 새로운 경험이 되고 기성세대에게는 향수를 불러일으키면서 전 세대를 아우를 수 있다. 아마도 '레트로 감성'은 얼굴을 바꿔가며 영원히 이어질 것 같다.

상품, 건물 디자인, 간판, 패션 등 각 분야에 접목된 레트로 열풍: 레트로 감성은 MZ세대에게는 새로움을, 기성세대에게는 향수를 선물한다.

B급? 병맛!

황당하게 재미있고 고급스러움은 조금 떨어지는 B급 문화의 인기는 어제오늘의 일은 아니다. 요즘 말로는 '병맛'이라고 한다. 맥락이 없고 형편없으며 어이없음을 뜻하는 말이다. '병신 같은 맛'의 줄임말인데, 장애인을 비하하는 의미가 아니라 B급 정서를 극대화하고 조롱하는 의미를 담고 있다. 어이가 없어 욕이 나오지만 왠지 웃음이 새어 나오는 콘텐츠들도 병맛이라고 한다. 병맛을 굳이 논리적으로 해석하려 애쓸 필요는 없다. 병맛 코드로 인기를 끌었던 웹툰 작가 이말년은 "병맛은 병맛으로 즐겨야지 논리적으로 분석하려 하면 더욱 재미없어진다."라고 했다. 정석현 작가는 "병맛 코드에는 일단 권위가 없다. 그들도 우리와 다르지 않고, 오히려 못할 수도 있다는 일종의 안도감이 즐기는 마음에 자리 잡는다. 완벽하지 않은 모양새로 누구나 참여해 만들 수 있는 요소가 젊은이들과 잘 맞는 것 같다."라고 했다.

병맛 만화에서 시작해 tvN〈SNL 코리아〉를 거치면서 이제는 MZ세대 대중문화의 주류로 자리 잡은 병맛은 당연히 광고, 마케팅에서도 영역을 넓혀가고 있다. 기업들도 MZ세대를 타깃으로 하는 마케팅이나 상품 개발은 아예 MZ세대 직원들에게 맡기는 추세다.

SSG닷컴 광고는 웹툰 작가 이말년과 주호민이 출연, B급 감성으로

'RtA'가 뭔지 나는 몰랐다. '너구리'를 뒤집은 것이었다. '괄도 네넴띤'도 마찬가지다.

A보다 나은 B를 만들었다는 평을 받았다. '돌고래 유괴단'의 작품이다.

외국에서는 KFC와 남성 화장품 올드 스파이스의 광고 캠페인이 병맛으로 유명하다. 두 브랜드의 광고를 유튜브에서 찾아보기를 권한다.

이런 병맛 마케팅은 참 가볍고 촌스럽고 웃기는데 머릿속에는 콕콕 박힌다. 기승전결 따위는 없다. 오히려 MZ세대들은 '기승전병'이라고 한다. '기승전 병맛'이라는 뜻이다. 그래서 '짤'이나 '밈'의 형태로 공유하기가 더 쉽다. MZ세대 사이에 막강한 파급력을 갖는 이유다. 오프라인에서도 병맛스럽게 꾸민 카페나 주점은 MZ의 놀이터다. MZ세대로 인해 B급 마케팅은 앞으로도 더 큰 인기를 누릴 것으로 보인다.

밈

'밈meme'은 1976년 진화생물학자 리처드 도킨스가 그의 저서 『이기적 유전자』에서 문화 정보의 확산을 설명하기 위해 만든 용어이다. 밈은 복제된 것이라는 뜻의 그리스 단어 'mimema'에서 파생된 'mimeme(모방)'을, 유전자gene와 유사하게 한 음절 단어로 만든 것이다.

밈은 나와 나이가 비슷한 단어인데, 요즘은 온라인상에서 공유되는 파급력을 가진 재미있는 사진이나 영상, 유행어, 트렌드 등을 통칭하는 단어로 쓰인다. (우리나라 젊은 세대 사이에서는 우리 인터넷 문화에서 생겨난 용어 '짤'('짤방' : '잘림 방지'의 준말)이 더 많이 쓰이는 것 같다.) 요 몇 년 사이 인터넷이나 방송에서 이런 밈을 보지 않은 사람은 한 명도 없을 것이다. 하나의 놀이 문화를 넘어 브랜딩과 마케팅을 좌우하는 트렌드로 성장하고 있다.

가수 비의 '깡'은 처음 나왔을 땐 이해하기 힘든 과한 콘셉트로 흥행에 참패했는데, 몇 년 후 밈으로 부활해 '1일 1깡'의 주인공이 되었다. 그리고 새우깡의 모델로 등장해 한 달 매출 100억 원을 돌파하는 저력을 보여주었다.

BTS와 기생충에 이어 K-콘텐츠의 힘을 전 세계에 보여준 〈오징어 게임〉도 콘텐츠 자체의 매력뿐만 아니라 콘텐츠에서 파생된 다양한 밈의

밈은 MZ세대에게 어필할 수 있는 중요한 마케팅 포인트이다.

무한 복제의 뒷심을 받아 여전히 신드롬의 중심에 서 있다. 〈오징어 게임〉은 영상 공개 2주 만에 90개국 넷플릭스 차트에서 1위를 기록했고 시청한 계정은 1억 1,100만 계정이 넘는다. 그 전까지 1위였던 〈브리저튼〉이 8,200만이었으니 〈오징어 게임〉의 인기가 얼마나 폭발적이었는지 알 수 있다. 〈오징어 게임〉의 성공 요인 중 하나로 밈이 꼽히기도 한다. 드라마 속 게임 참가자들의 트레이닝복과 하얀 운동화, 진행요원들의 마스크와 복장이 누구나 즐길 수 있는 밈이 되어 핼러윈 코스튬부터 다양한 놀이 형태로 진행하며 흥행을 더욱 더 부추겼다는 평가다. 지금도 밈의 개수와 조회 수가 기하급수적으로 늘고 있어 정확한 데이터를 알 수 없지만, 새터데이 나이트 라이브^{SNL} 패러디 밈 하나만 해도 조회 수 420억 회를 넘어서고 있다.

아직 Z세대에 끼지도 못하는 중학생 딸도 '제로투 댄스'나 최준의 '어? 예쁘다' 같은 밈에 열광하는 것을 보면서 이제는 밈을 모르고는 대화도 장사도 힘들겠다 싶었다. 그래서 이미 많은 기업과 브랜드는 밈을 마케팅에 끌어와 활용하고 있다. 심지어 대선 후보들의 캠페인에도 밈이 등장한다. 허태윤 한신대 교수는 MZ세대를 대상으로 한 마케팅에 밈 현상을 성공적으로 활용하기 위해서는 "직접 참여할 수 있는 여지를 만들고, 그곳에서 재미있게 놀 수 있는 밈 코드를 만들어주어야 한다. 공유가 가능한 형태여야 한다. 밈은 짧은 유행 주기를 가지기 때문에 단기적 성과를 목표로 해야 한다."라고 했다.

썰

MZ세대는 '썰'에도 열광한다. '썰'은 말을 뜻하는 '설(說)'에서 유래된 단어로 '이야기'를 뜻하는 신조어다. '썰을 푼다', '~~한 썰'과 같이 쓰인다. 온라인상에 개인적 이야기를 가볍게 푸는 우스갯소리로 생각하면 되겠다. 스토리나 교훈 같은 것도 필요 없다. 일단 재미있으면 된다.

SNS나 유튜브의 썰 계정들은 인기가 대단하다. 계속 새로운 썰들이 올라오고 자유롭게 공유된다. 기업에서도 MZ세대를 잡기 위해 썰을 활용한다. 트위터에 올라온 떡볶이 글이 썰로 SNS에 퍼지면서 'CU 탐앤탐스 떡볶이'가 출시되었다. 전 남자 친구한테 토스트 레시피 물어본 썰을 바탕으로 실제 '남자친구 샌드위치'도 나왔다. 이런 케이스처럼 MZ세대가 좋아하는 썰에서 기회를 잡아내는 센스도 필요할 것 같다.

일상의 가벼운 이야기인 썰이 상품 출시로까지 이어진 케이스는 많다.

메타버스

작년에 VR 기기 두 대를 장만했다. 퇴근 후 딸과 메타버스 게임 한 판 하는 게(물론 매일 깨지지만) 참 행복한 시간이다. '메타버스metaverse'는 '가상', '초월'을 의미하는 '메타'meta와 '세계', '우주'를 의미하는 '유니버스'universe를 합성한 신조어다. '가상 우주'라고 번역하기도 한다. 가상 공간으로서의 메타버스는 1992년 닐 스티븐슨의 소설 『스노 크래시』에서 처음 등장한 개념과 용어이다. 2018년 스필버그의 영화 〈레디 플레이어 원〉은 너무나 생생하게 메타버스가 일상이 된 가까운 미래를 그려냈다. 모든 사람이 자는 시간 외에는 모든 생활을 메타버스에서 영위한다. 실제로도 그런 세상이 곧 올 것이다.

메타버스의 발전은 코로나19로 더욱 가속화하였다. 대면 활동이 중단되니 가상 공간에 모이는 것이 대안이 된 것이다. 제페토, 로블록스 같은 엔터테인먼트나 게임 기반 메타버스 외에도 순천향대, 건국대, 숭실대 등 대학교의 신입생 환영회나 기업들의 OJT 등 메타버스는 이미 우리 생활에 깊이 들어와 있다.

앞서 영화 〈레디 플레이어 원〉에 나온 메타버스의 이름은 '오아시스'였다. 그런 전 지구적 메타버스에 가장 가까이 와 있는 기업이 페이스북이다. 페이스북 CEO 마크 저커버그는 "5년 후에는 사람들이 페이스

메타의 마크 저커버그가 디지털 패션 비전을 시연하는 모습

북을 '소셜 미디어 기업'이 아닌 '메타버스 기업'으로 인식하도록 전환해 나갈 것이다."라고 선언했는데, 2014년에 VR 디바이스 기업인 오큘러스를 인수하고, '호라이즌'이라는 메타버스를 구축하고 있다. 2021년 10월에는 사명을 '메타^{Meta}'로 변경하였다. 10년 내에 10억 명의 사용자를 확보하는 것을 목표로, 향후 5년간 1만 명의 메타버스 관련 개발자를 고용하고, 2021년에 100억 달러를 투자한 데 이어 2022년에는 340억 달러를 투자할 계획이라고 한다.

글로벌 시장조사 업체 이머전 리서치에 따르면 메타버스 시장은 2028년에 8,289억 5,000만 달러(982조 원)에 달할 것이라 하니 다가올 미래는 정말 메타버스가 지배할 것 같다.

사용자들이 메타버스에 들어가는 도구인 VR 디바이스 부문은 메타의 자회사 오큘러스의 퀘스트2가 선두를 달리는 가운데, 글래스 형태의 초경량 VR 디바이스가 출시되었고, 애플에서도 곧 AR 기반의 애플 글래스를 출시할 예정이다. 세계 최대의 전자 전시회 '2022 CES'에서 다양한 메타버스 기술이 화제의 중심이 된 것을 봐도 다가올 현실이자 새로

Meta의 오큘러스 퀘스트2   글로벌플랫폼솔루션의 TCL MOLED G

운 기회임은 분명하다.

디지털 네이티브인 MZ세대에게는 메타버스가 낯선 신문물이 아닌, 또 하나의 놀이터이자 관계를 쌓을 수 있는 익숙하고 친근한 플랫폼이다. 메타버스에서 자신을 투영한 아바타를 만들어 현실처럼 살아가고, 친구와 지인들뿐만 아니라 유명인들도 만난다.

BTS의 '다이나마이트' 최초 공개도 콘서트장이나 음원 플랫폼이 아닌 포트나이트 게임 속 공간에서 열렸고, 블랙핑크의 메타버스 팬사인회에는 전 세계에서 4,600만 명이 접속하였다. 걸그룹 에스파는 가상에 존재하는 아바타 멤버와 연결되어 소통한다는 콘셉트로 활동하고 있다.

네이버가 만든 아시아 최대의 메타버스 플랫폼 '제페토'는 글로벌 가입자 2억 5,000만 명을 돌파하며 기업 가치가 3조 원을 넘어섰다. 1988년생 CEO를 비롯해 300명의 직원 대다수가 20~30대이다.

기업들의 대응도 빨라졌다. 스타벅스, 구찌 등 세계적인 브랜드들이 메타버스 플랫폼 제페토에 입점해 MZ세대와 소통하고 있고, 가상 여

메타버스 공간에서의 활발히 펼쳐지는 기업 마케팅

행, 가상 수업 등을 서비스하는 기업도 늘어나고 있다.

산업의 특성상 초창기인 지금은 거대 플랫폼 기업들 위주로 메타버스가 구축되고 있어 자영업자나 소상공인들은 참여할 여지가 별로 없다. 하지만 곧 가상 현실 쇼핑 플랫폼인 '메타 커머스'가 온다. SSG, 쿠팡, 마켓컬리에 입점하는 것처럼 메타버스 쇼핑몰에 입점하게 되는 것이다. 지금 가파르게 성장하고 있는 라이브 커머스도 곧 이 '메타 커머스'에 융합될 것이다. 실제 몇몇 기업에서 거의 구축이 끝났다고 한다. 시장의 변화를 민감하게 체크하고 지속적으로 업데이트하면서 준비해야 하겠다.

가치 소비

    앞에서 요즘 젊은 친구들은 기성세대를 기 죽이는 무언가가 있다고 했는데, 대표적인 것이 이것이다. 젊은 후배들이 누가 시키지 않아도 환경을 생각하고 환경을 지키기 위해 행동하는 것을 보고 놀랐다. '미닝 아웃^{meaning out}', '필(必) 환경'이 MZ세대의 트렌드가 된 것은 무척이나 긍정적이다. 먼저 MZ세대는 '착한 브랜드'를 좋아한다. 파타고니아는 플라스틱 줄이기와 재활용 면 소재 사용, 노스페이스나 아디다스도 페플라스틱을 재활용한 의류를 생산해 박수를 받았다. 명품 브랜드 에르메스, 구찌, 보테가 베네타는 버섯 균사를 이용한 인조 가죽을 사용해 가방과 스니커즈를 출시했다. 현대자동차는 앞으로 자동차 시트를 비건 레더로 대체하기로 했다고 밝혔다. 비거니즘^{veganism}, 비거노믹스^{veganomics}로 불리며 요즘 기업들의 최고 화두인 ESG^{environment, social, governance} 경영의 중요한 수단이 되고 있다.

    비건 열풍은 식품에서 시작해 이렇게 패션과 화장품 업계에까지 광범위하게 퍼지고 있다. MZ세대의 관심에 발맞춰 기업들은 생태계에 무해한 브랜드라는 점을 알리는 마케팅에 적극 나서고 있다.

    플로깅^{plogging}은 '이삭을 줍는다'는 뜻의 스웨덴어 'plocka upp'와 영어 'jogging'의 합성어로 산책이나 산행, 조깅을 하는 동안 쓰레기를 줍

MZ세대는 환경 이슈에 민감하고 착한 기업을 응원한다.

는 것을 의미한다. 일상에서 즐기는 MZ세대만의 환경 지키기 활동인
것이다.

'착한 가게를 돈쭐 내줍시다' 운동은 선행에 기꺼이 지갑을 여는 MZ
세대의 특성을 보여준다. 어렸을 때 부모를 잃고 할머니와 일곱 살 동
생과 함께 사는 고등학생의 사연이 전해졌다. 어린 동생이 치킨을 먹고
싶다고 떼를 쓰는데도 고등학생 형은 돈이 5,000원밖에 없어 치킨 가게
앞에서 들어가지도 못하고 서성대고 있었다. 이 모습을 본 홍대 치킨집
점주는 형제를 불러 치킨 2만 원어치를 무료로 주고, 그 후에도 동생이
가게에 올 때마다 치킨을 먹였다고 한다. 이 일이 알려지자 '돈쭐을 내

주자'며 전국에서 주문이 밀려들었다. 차별적인 것과 공정하지 않은 것에 민감한 MZ세대는 자신의 가치관과 맞는다고 생각하면 가격과 상관없이 소비하는 특징을 보인다. 디지털 문화에 익숙한 세대이기 때문에 SNS를 통해 선한 영향력이 확산되기를 바라는 의미에서 적극적으로 공유한다. 청소년의 96%가 착한 소비에 동참해 본 경험이 있다고 한다.

MZ세대에 대해 알아보았다. 시장은 끊임없이 다음 세대로 확장되어야 한다. 브랜드는 끊임없이 젊어져야 한다. 젊은 사람이 늙은 사람들의 소비문화를 따라가는 경우는 없다. 반면 늙은 사람들은 젊어 보이고 싶어 기를 쓰고 젊은 사람들을 쫓아간다. 동네 식당을 운영하든 브랜드를 운영하든 반드시 기억해야 할 것이다.

"지금 우리가 살고 있는 세상에서 기회를 잡으려면 튀는 자를 지원하고, 튀는 자에게 물건을 팔고, 가능하다면 자기 자신도 튀는 자, 즉 변종이 되어야 한다. 우리 세대에서 벌이고 있는 대대적인 싸움은 대중의 현상 유지와 변종의 끊임없는 쇄도 사이의 싸움이다."

_ 세스 고딘, 『이상한 놈들이 온다』 중

말로 먹고산 지 22년 그리고 말을 가르쳐온 지 15년이 되었습니다. 한때 소위 잘나가는 쇼호스트였던 나는 6년 전 생각지도 못했던 암 판정을 받고 수술대에 오르게 되었습니다. 수술로 위를 거의 제거하고 여러 달을 시골에서 요양하면서 처음으로 나만의 시간을 갖게 되었고 대개 그런 상황에서 누구나 그렇듯 인생을 돌아보게 되었습니다. 움직이지도 못하고 할 일도 없는 몇 달의 시간 동안 책에서 또 방송하면서 배운 것들과 강의한 내용을 정리해 보자 싶어 쓰기 시작한 것이 이 책의 초안입니다. 암을 극복한 뒤 방송에 복귀해 또다시 앞만 보고 달리다 보니 어느새 6년이 지나 있었습니다. 6년 사이 세상은 엄청나게 변했고 코로나19까지 덮쳐 여기저기서 신음 소리가 들려오고 있었습니다.

그 와중에 잊고 있던 원고를 꺼내 대대적으로 손을 봐 이제야 책으로 내놓게 되었습니다. 지금 가장 간절한 소망은 이 책이 독자들에게 실제로 도움이 되었으면 하는 것입니다. 실제로 장사를 더 잘하게 되고, 실제로 더 많은 단골이 생기고, 실제로 수입이 많이 늘었으면 좋겠습니다. 특히 지금 가장 힘든 자영업자, 소상공인들에게 제대로 도움이 되기를 바랍니다.

우리가 사는 세상에는 말을 하지 않는 사람도 없고 말이 필요 없는 자리도 없습니다. "사람이 사는 곳은 모두 말이 오가고, 오가는 것이 있는 곳에는 모두 말이 있으니, 이른바 세상 물정의 절반은 말하기 속에 있구나."라는 중국 작가 주쯔칭(朱自淸)의 말처럼 말입니다. 미국 실리콘밸리에서는 코딩 기술만 있는 신입 사원의 연봉은 4만에서 8만 달러 수준인데, 고객과 대화가 되는 신입의 연봉은 12만 달러가 훌쩍 넘는다고 합니다. 경력이 좀 더 있는 직원은 25만 달러(약 3억 원)를 받기도 한다는 사실을 보면 "미래에 기술이 어떤 형태를 띠든 의사소통 능력의 가치는 계속 올라갈 것이다. 탁월한 말솜씨는 당신을 스타로 만들 것이다."라는 커뮤니케이션 전문가 카민 갤로의 말이 크게 피부로 와 닿습니다.

그런데 우리는 언어는 배웠지만 정작 '말하는 법'은 배우지 못한 것 같습니다. 학교에서 'English Speaking'은 가르치지만 '우리말 말하기'는 홀대하고 있는 듯 보이기도 합니다. 게다가 젊은 세대일수록 카카오톡 같은 메신저 앱만 쓰려 하고 직접 목소리 들으며 통화하는 것도 꺼리는 시대가 되었습니다. 요즘 대학생들의 말하기 수준에 충격을 받아 논문을 쓴 교수까지 있을 정도니 말솜씨가 점점 퇴화하는 것이 아닐까 걱정도 됩니다.

말솜씨와 함께 외모, 표정, 자세, 습관, 목소리, 말투 등 이 책의 모든 내용이 세일즈 스피치를 완성하는 요소입니다. 세일즈 스피치는 종합 예술인 것이죠. 어느 것 하나 소홀히 하지 말고 갈고닦아서 여러분도 세일즈의 고수가 되길 바랍니다. 말하기가 점점 중요해지는 시대에 말솜씨를 연마하는 것은 성공으로 가는 지름길이 될 수 있을 것입니다.

혹시 '세일즈는 적극적이고 사교적이고 외향적인 사람들이 더 잘할 텐데… 나는 그냥 보통 사람인데….' 하는 독자가 있다면 걱정을 버리길 바랍니다. 펜실베이니아 대학교 와튼 스쿨 애덤 그랜트 교수의 실험과 최근 〈하버드 비즈니스 리뷰〉 연구의 공통된 결론은 너무 뜨겁지도 않고 너무 차갑지도 않은, 딱 중간쯤의 성격을 가진 사람들이 최고의 매출을 기록하더라는 것이니까 말이죠. 우리의 보편적인 생각과는 달리 가장 사교적인 세일즈맨은 성과 면에서 종종 가장 낮은 점수를 기록하기도 했는데, 이유는 고객의 말을 듣기보다는 자기 말이 많아서였다고 합니다. 대부분의 사람들은 딱 중간쯤의 보통 사람들이니 걱정할 것 없습니다. 또한 사회적 동물인 인간은 세일즈 본능을 갖고 태어나기 때문에 누구나 노력하면 남의 마음을 움직이는 기술을 익힐 수 있습니다.

이 책이 실제로 도움이 될 수 있도록 독자들에게 부탁할 것은 '연습'입니다. 이 책을 통해 알게 된 세일즈 스피치를 실전에서 고객을 향해 구사하려면 엄청난 연습이 필요합니다. 연습하고 또 연습해야 합니다.

연습에도 준비가 필요합니다. 먼저 자신을 면밀히 철저하게 분석해야 하는데 주변 사람들에게 물어도 보고, 스마트폰으로 녹화해서 셀프 모니터링을 해보는 것이 많은 도움이 됩니다. 자신의 상태를 정확히 알고 난 후에는 책의 내용들을 반복해서 연습합시다. 옷차림을 비롯해 비주얼을 어떻게 바꿀 것인지 고민하고, 거울을 보고 표정과 자세, 보디랭귀지를 연습하세요. 특히 웃음 연습은 진짜 웃음이 얼굴에 새겨질 때까지 끊임없이 반복해야 합니다. 목소리를 아름답게 만드는 루틴을 매일 실행하고, 대화를 할 때마다 정확한 발음을 하도록 주의를 기울여야 합니다.

대니얼 카너먼이 말한 '시스템 1'의 특징 중 '손실 회피'라는 것이 있습니다. 변화의 단점이 장점보다 커 보이기 때문에 현 상태를 선호하는 편향을 만든다는 것으로 무엇이든지 바꾸는 것, 변화하는 것이 힘든 이유입니다. 하지만 생존을 위해서는 변화가 필요하며 그 변화의 첫걸음이 공부와 연습입니다.

급격하게 변화하는 시장에서 지금 나의 변화는 너무나 절박합니다. O2O Online to Offline, O4O Online for Offline 가 대두된 것이 얼마 전인데 온라인과 오프라인이 완전히 '통합'되는 OMO Online Merges with Offline 시대가 곧 온다고 합니다. 우리는 그 변화를 맞이할 준비를 해야 합니다. 그 준비는 통합된 시장에서 더 올라갈 가치, 즉 말솜씨를 연마하는 것이 아닐까요?

당신의 성공을 진심으로 응원하며 제가 참으로 좋아하는 KFC 창업자 커널 샌더스의 말로 이 책을 마무리하려 합니다.

"성공의 비결은 성공할 때까지 끊임없이 하는 것이다."

참고 문헌

· 가미오카 신지, 일본심리파워연구소 공저/황혜숙 역, 『처음부터 말 잘하는 사람은 없다』(넥서스BIZ, 2008)

· 강원국, 『강원국의 어른답게 말합니다』(웅진지식하우스, 2021)

· 고든 R. 웨인라이트 저/조은경 역, 『몸짓을 알면 대화가 즐겁다』(미래의창, 2003)

· 고든 팻쩌 저/한창호 역, 『룩스 LOOKS: 외모, 상상 이상의 힘』(한스미디어, 2009)

· 교황 프란치스코 저/성염 역, 『교황 프란치스코, 가슴 속에서 우러나온 말들』(소담출판사, 2014)

· 김경태, 『스티브 잡스의 프레젠테이션』(멘토르, 2006)

· 김동욱, 『요즘 애들에게 팝니다』(청림출판, 2020)

· 김상임, 『마음을 아는 자가 이긴다』(쏭북스, 2020)

· 김지헌, 『마케팅 브레인』(갈매나무, 2021)

· 나이토 요시히토 저/윤성규 역, 『설득: 심리학에서 답을 구하다』(지식여행, 2009)

· 나이토 요시히토 저/김한나 역, 『말투 하나 바꿨을 뿐인데』(유노북스, 2017)

· 나쓰요 립슈츠 저/황미숙 역, 『한 문장으로 말하라』(비즈니스북스, 2020)

· 노가미 신이치 저/오시연 역, 『한 번 보고 바로 써먹는 마케팅용어 480』(길벗, 2019)

· 노구치 사토시 저/박재영 역, 『순식간에 호감도를 높이는 대화기술』(지식여행, 2015)

· 다니엘 샤피로, 로저 피셔 공저/이진원 역, 『원하는 것이 있다면 감정을 흔들어라』(한국경제신문, 2013)

· 다니엘 핑크 저/김명철 역, 『파는 것이 인간이다』(청림출판, 2013)

· 대니얼 카너먼 공저/이창신 역, 『생각에 관한 생각』(김영사, 2018)

· 대학내일 20대연구소, 『밀레니얼-Z세대 트렌드 2022』(위즈덤하우스, 2021)

· 데이브 라카니 저/안진환 역, 『설득: 당신이 원하는 것을 얻는 기술』(플래닛미디어, 2006)

· 데이비드 오길비 저/강두필 역, 『나는 광고로 세상을 움직였다』(다산북스, 2012)

· 래리 킹 저/강서일 역, 『대화의 신』(위즈덤하우스, 2015)

· 레일 라운즈 저/이민주 역, 『마음을 얻는 기술』(비즈니스북스, 2009)

· 로버트 그린 저/강미경 역, 『유혹의 기술 다이제스트』(이마고, 2005)

· 로버트 맥키, 토머스 제라스 공저/이승민 역, 『스토리노믹스』(민음인, 2020)

· 로저 둘리 저/황선영 역, 『그들도 모르는 그들의 생각을 읽어라』(월컴퍼니, 2013)

· 로저 피셔, 다니엘 샤피로 공저/이진원 역, 『감성으로 설득하라』(두드림, 2007)

· 로히트 바르가바 저/이은숙 역, 『호감이 전략을 이긴다』(원더박스, 2013)

· 롤프 옌센 저/서정환 역, 『드림 소사이어티』(리드리드 출판, 2005)

· 리웨이원 저/김락준 역, 『하버드 말하기 수업』(가나출판사, 2015)

· 리처드 H. 탈러, 캐스 선스타인 공저/안진환 역, 『넛지: 똑똑한 선택을 이끄는 힘』(리더스북, 2018)

· 린다 골드맨, 산드라 스마이드 공저/나선숙 역, 『첫인상의 힘』(큰나무, 2009)

· 마이클 솔로몬 저/밸류바인 브랜딩스쿨 역, 『소비자를 유혹하는 마케팅 전략 34』(원앤원북스, 2007)

· 마티아스 뇔케 저/장혜경 역, 『권력의 언어』(갈매나무, 2013)

· 마틴 린스트롬 저/이상근, 장석훈 공역, 『쇼핑학: 우리는 왜 쇼핑하는가』(세종서적, 2010)

· 말콤 글래드웰 저/이무열 역, 『블링크』(21세기북스, 2020)

· 말콤 글래드웰 저/노정태 역, 『아웃라이어』(김영사, 2009)

· 박종윤, 『내 운명은 고객이 결정한다』(쏭북스, 2019)

· 브라이언 트레이시 저/오승훈 역, 『판매의 심리학』(비즈니스맵, 2008)

· 브레네 브라운 저/강주헌 역, 『리더의 용기』(갤리온, 2019)

· 사이토 다카시 저/장은주 역, 『잡담이 능력이다』(위즈덤하우스, 2014)

· 샘 혼 저/이상원 역, 『사람들은 왜 그 한마디에 꽂히는가』(갈매나무, 2015)

· 세스 고딘 저/김정한 역, 『이상한 놈들이 온다』(라이스메이커, 2020)

· 세스 고딘 저/김태훈 역, 『마케팅이다』(쌤앤파커스, 2019)

· 스텔라 미나한, 마이클 베버랜드 공저/김지애 역, 『여성은 왜 쇼핑을 하는가』(어문학사,

2007)

· 시부야 쇼조 저/은영미 역, 『상대의 심리를 읽는 기술』(아라크네, 2018)

· 앨런 피즈, 바바라 피즈 공저/서현정 역, 『보디 랭귀지』(북스캔, 2005)

· 알 리스, 잭 트라우트 공저/이수정 역, 『마케팅 불변의 법칙』(비즈니스맵, 2008)

· 오시마 도모히데 저/장진한 역, 『논리적으로 말하는 기술』(행담출판, 2007)

· 오치아이 마사카츠 저/이유정 역, 『옷 잘 입는 남자에게 숨겨진 5가지 키워드』(나무와숲, 2002)

· 우에노 나오키 저/신금순 역, 『5분 만에 목소리가 좋아지는 책』(넥서스BOOKS, 2006)

· 유정아, 『유정아의 서울대 말하기 강의』(문학동네, 2009)

· 유재화, 김석준 공저, 『재미있게 말하는 사람이 성공한다』(책이있는마을, 2012)

· 윤태영, 『대통령의 말하기』(위즈덤하우스, 2016)

· 이기주, 『말의 품격』(황소북스, 2017)

· 이노미, 『손짓, 그 상식을 뒤엎는 이야기』(바이북스, 2009)

· 이민영, 『말은 어떻게 공감을 얻는가』(라이스메이커, 2015)

· 이윤석, 『웃음의 과학』(사이언스북스, 2011)

· 이현우, 『한국인에게 가장 잘 통하는 설득전략 24』(더난출판, 2005)

· 자밀 자키 저/정지인 역, 『공감은 지능이다』(심심, 2021)

· 장차오 저/하은지 역, 『끌리는 말투에는 비밀이 있다』(미디어숲, 2020)

· 정연아, 『성공의 법칙: 이미지를 경영하라』(넥서스, 2000)

· 재닌 드라이버 저/황혜숙 역, 『당신은 생각보다 많은 것을 말하고 있다』(비즈니스북스, 2011)

· 잭 트라우트, 앨 리스 공저/안진환 역, 『포지셔닝』(을유문화사, 2006)

· 잭 트라우트, 앨 리스 공저/이수정 역, 『마케팅 불변의 법칙』(비즈니스맵, 2008)

· 제이 하인리히 저/하윤숙 역, 『유쾌한 설득학』(세계사, 2008)

· 제프리 A. 크레임스 저/백혜진 역, 『사람을 얻는 프란치스코 리더십의 12가지 비밀』(매일경제신문사, 2015)

· 조 지라드 저/김명철 역, 『누구에게나 최고의 하루가 있다』(다산북스, 2012)

· 짐 콜린스 저/이무열 역, 『좋은 기업을 넘어 위대한 기업으로』(김영사, 2002)

· 최광선, 『몸짓을 읽으면 사람이 재미있다』(일빛, 1999)

· 최윤희, 『비언어 커뮤니케이션』(커뮤니케이션북스, 1999)

· 최훈, 『내면이 중요하다면서 왜 얼굴에 혹할까』(블랙피쉬, 2021)

· 칩 히스, 댄 히스 공저/안진환 역, 『스틱!』(엘도라도, 2009)

· 카마인 갈로 저/김태훈 역, 『스티브 잡스 프레젠테이션의 비밀』(랜덤하우스코리아, 2010)

· 카민 갤로 저/김태훈 역, 『말의 원칙』(알에이치코리아, 2020)

· 커트 모텐슨 저/김정혜 역, 『설득의 힘』(황금부엉이, 2006)

· 커트 모텐슨 저/김정혜 역, 『무엇을 해도 잘 풀리는 사람의 설득 기술』(황금부엉이, 2009)

· 크리스 보스, 탈 라즈 공저/이은경 역, 『우리는 어떻게 마음을 움직이는가: FBI 설득의 심리학』(프롬북스, 2016)

· 클라우스 포그, 크리스티안 부츠, 바리스 야카보구 공저/황신웅 역, 『스토리텔링의 기술』(멘토르, 2008)

· 토머스 하인 저/김종식 역, 『쇼핑의 유혹』(세종서적, 2003)

· 프랭크 런츠 저/채은진, 이화신 공역, 『먹히는 말』(쌤앤파커스, 2007)

· 하인츠 골트만 저/윤진희 역, 『말하기의 정석』(리더북스, 2006)

· 한국방송학회, 『방송통신연구』 2015년 여름호(통권 제91권)

· 한휘, 『화술의 달인』(이너북, 2011)

· 할 어반 저/박정길 역, 『긍정적인 말의 힘』(엘도라도, 2006)

· 해리 벡위드 저/양유석 역, 『보이지 않는 것을 팔아라』(더난출판, 2006)

· 헬렌 리스, 리즈 네포렌트 공저/김은지 역, 『최고의 나를 만드는 공감 능력』(코리아닷컴, 2019)

· EBS 제작팀, 김종명 공저, 『설득의 비밀』(쿠폰북, 2009)

언택트건 컨택트건 잘 팔리는 말솜씨

- 동네 식당에서 라이브 커머스까지

1판 1쇄 발행 2022년 4월 19일

지은이 강동섭 | **펴낸이** 이수정 | **펴낸곳** 북드림

진행 신정진, 김재철, 진수지
마케팅 이운섭 | **표지 및 본문 디자인** 북디자인 경놈

등록 제2020-000127호
주소 서울시 송파구 오금로 58, 916호(신천동, 잠실 아이스페이스)
전화 02-463-6613 | **팩스** 070-5110-1274

도서 문의 및 출간 제안 suzie30@hanmail.net

ISBN 979-11-91509-31-1 (03190)